教师与学校因素对学生成绩的影响研究

刘鑫桥 著

南开大学出版社
天津

图书在版编目(CIP)数据

教师与学校因素对学生成绩的影响研究 / 刘鑫桥著. —天津：南开大学出版社，2021.12
 ISBN 978-7-310-06232-4

Ⅰ.①教… Ⅱ.①刘… Ⅲ.①教学质量－影响－学生－学习成绩－研究 Ⅳ.①G424.7

中国版本图书馆 CIP 数据核字(2021)第 248403 号

版权所有　侵权必究

教师与学校因素对学生成绩的影响研究
JIAOSHI YU XUEXIAO YINSU DUI
XUESHENG CHENGJI DE YINGXIANG YANJIU

南开大学出版社出版发行
出版人：陈　敬
地址：天津市南开区卫津路 94 号　　邮政编码：300071
营销部电话：(022)23508339　营销部传真：(022)23508542
https://nkup.nankai.edu.cn

天津市蓟县宏图印务有限公司印刷　全国各地新华书店经销
2021 年 12 月第 1 版　2021 年 12 月第 1 次印刷
230×170 毫米　16 开本　14.75 印张　2 插页　227 千字
定价:68.00 元

如遇图书印装质量问题，请与本社营销部联系调换，电话:(022)23508339

摘　要

广泛的学习危机引发教育系统反思学生学习效果，如何改善学生学习效果已经成为一个教育学科前沿的研究议题。学校和教师作为学生教育过程中非常重要的参与者，是完善教育体系、促进学生学习的关键，但是现有研究依旧缺乏实证性和系统性。基于此，本研究利用系统的数据和科学的实证方法细致研究了教师与学校对学生成绩的影响，主要关注三个问题：（1）如何评价学校和教师对学生成绩的影响；（2）哪些学校特征、教师特征、教师行为对学生成绩产生显著影响；（3）教师行为对学生成绩产生作用的影响机制如何。

本研究是将传统教育经济学与传统教师教育研究相结合的一次有益的尝试，适当地将教育生产函数、有效学校理论和教师效能理论相结合：借助教育生产函数从教育投入到教育产出的基本框架，探索分析了有效学校理论和教师效能理论中提到的多种学校因素和教师因素对学生成绩的作用，并基于现有理论和实证分析结果初步提出和验证了教师的"成长—实践—增值"概念模型。

研究数据方面，本研究以海淀区的普通高中学校作为研究对象，利用北京大学中国教育财政科学研究所课题组在2019年2月至3月针对北京市海淀区学校的"区域教研情况调查"教师问卷数据，自主收集的网络公开的学校特征数据，以及教师任职数据、学生中考成绩和高考一模成绩等行政管理数据，将样本学校特征数据、教师特征数据、教师行为数据、学生成绩数据进行有效匹配，构建了学校—教师—学生三层次的独特数据集。基于这份多层次数据集，本研究采用探索性因子分析、验证性因子分析对教师行为和学校支持量表进行了分类和验证，并采用多元回归分析、多层线性模型、增值模型等实证分析方法，在控制学生入口成绩的情况下研究了教师与学校对学生出口成绩的影响。本研究的主要发现如下。

第一，采用增值模型评价学校和教师对学生成绩的作用更科学。（1）学生的入口成绩对于学生的出口成绩具有显著的正向影响，如果不控制学生的入口成绩，估计结果会存在较大的偏误。（2）采用增值模型估计的结果与采用平均成绩的方法得出的结果存在差异，各学校之间增值分数的差异小于平均成绩标准分的差异。

第二，不同学校和教师之间的确存在增值效果的差异。（1）控制学生入口成绩、个人特征和学校特征之后，语文、数学和化学三个科目的校际差异分别为 11.0%、18.9%、17.7%。（2）控制学生入口成绩、个人特征和学校固定效应之后，不同教师带来的学生成绩差异分别是 6.7%、8.6%、10.5%。

第三，教师特征能够解释部分学生成绩的教师间差异，不同科目教师的作用存在差异。（1）语文、数学和化学教师的一系列个人特征对学生学业成绩差异的解释率分别为 2.1%、1.7% 和 4.2%，教师个人特征变量对于化学科目的影响依次大于语文科目和数学科目。（2）在语文和数学科目，女性教师相对男性教师对学生成绩更有促进作用。（3）在语文、数学和化学三个科目，骨干教师相对于非骨干教师对学生成绩更有促进作用。（4）教师教龄不会对学生成绩产生显著影响，并表现出不同科目之间的稳定性与一致性。

第四，部分教师行为能够对学生成绩产生显著影响，不同科目的教师行为作用存在差异。（1）语文教师的内容知识和教学知识等职前准备会显著影响学生的语文成绩，大约能解释学生语文成绩 0.5% 的差异。（2）数学教师的课堂管理效能、多元教学策略效能、参与使用有效的示范及模范的专业发展活动、参与学习共同体的活动会显著影响学生的数学成绩。（3）化学教师的教学知识、认知激活、课堂管理效能、学生参与效能会显著影响学生的化学成绩。

第五，教师教学实践活动是教师成长行为影响学生成绩的中介因素。（1）数学教师参与使用有效的示范及模范、学习共同体等专业发展活动的成长行为，通过教师教学实践活动中的多元教学策略效能影响学生的数学成绩。(2)化学教师的教学知识等成长行为通过认知激活的课堂实践作用于学生化学成绩。

在实证研究的基础上,本研究提出以下政策建议。(1)构建多角度、多维度学校和教师评价体系,激活学校和教师的活力,促进学生和家长选择合适的学校就读。(2)合理优化教师结构,加强年轻教师培养,培养更多年轻教师成为骨干教师,合理优化教师的性别结构、学历结构,挑选教师时注重科目差异。(3)制定更精准的教师职业培训体系和更精准的教师财政投入计划。(4)优化教师支持氛围,创造适宜教育教学创新的学校环境。

目 录

第一章 绪论 1
  1.1 研究背景 1
  1.2 研究问题 9
  1.3 研究意义 10
  1.4 本书结构 12

第二章 理论分析与文献综述 15
  2.1 相关理论 15
  2.2 学校效能和教师效能的相关研究 21
  2.3 学校对学生成绩的影响 27
  2.4 教师对学生成绩的影响 30
  2.5 理论和文献小结 39

第三章 研究设计 41
  3.1 核心概念及其界定 41
  3.2 研究框架设计 43
  3.3 研究假设 47
  3.4 实证研究方法 48
  3.5 数据来源及变量说明 55

第四章 教师行为和学校支持量表的因子分析 63
  4.1 教师职前准备量表 63
  4.2 教师课堂行为量表 67
  4.3 教师自我效能感量表 70
  4.4 教师有效专业发展活动量表 74

4.5 教师学习共同体量表 ... 77
4.6 教师未来发展机会量表 ... 79
4.7 教师职业认同感量表 ... 81
4.8 教师倦怠感量表 ... 82
4.9 本章小结 ... 84

第五章 学校和教师对学生成绩的整体作用 ... 85
5.1 学校对学生成绩的整体作用 ... 85
5.2 教师对学生成绩的整体作用 ... 95
5.3 本章实证研究结论与讨论 ... 100

第六章 教师特征对学生成绩的作用 ... 104
6.1 教师特征的描述性统计分析 ... 104
6.2 教师特征对学生成绩的影响 ... 109
6.3 本章实证研究结论与讨论 ... 113

第七章 教师行为和学校支持对学生成绩的作用 ... 116
7.1 教师行为和学校支持的描述性统计分析 ... 116
7.2 教师行为和学校支持对学生各科成绩的影响 ... 121
7.3 本章实证研究结论与讨论 ... 131

第八章 教师有效性的机制分析 ... 134
8.1 教师行为影响学生成绩的机制初步探索 ... 134
8.2 教师成长行为与课堂实践的关系 ... 142
8.3 本章实证研究结论和讨论 ... 147

第九章 结论与政策建议 ... 148
9.1 主要研究发现 ... 148
9.2 进一步讨论 ... 153
9.3 政策建议 ... 156
9.4 研究创新与贡献 ... 157
9.5 研究的不足与进一步研究方向 ... 159

附录 A 海淀区教研工作调查问卷（教师问卷） ... 163

附录 B　海淀区高中分类 177

附录 C　海淀区高中学校增值性评价结果 179

附录 D　海淀区高中教师增值性评价结果 185

附录 E　教师行为和学校支持描述性统计分析结果 203

附录 F　教师行为和学校支持相关分析结果 206

参考文献 209

第一章 绪论

本章首先以世界范围内广泛的学习危机、学校和教师对于学生学习效果的重要性、相关教师国际调查项目的兴起为切入点构建研究背景。其次,在研究背景的基础上提出研究问题,并基于研究问题初步探讨了研究的理论和现实意义。最后,介绍了本研究的全文结构和后续章节的行文安排。

1.1 研究背景

1.1.1 世界范围内广泛的学习危机

1948 年以来,教育作为基本人权是自由、公正与和平的基础[①],在世界范围内快速扩张。大部分国家成年人受教育年限有明显提升,世界银行《2018 年世界发展报告》的数据显示,发展中国家在过去 60 年,普通成年人的受教育年限增加三倍有余。新中国成立以来,我国大力发展教育事业,在基础教育和高等教育领域取得巨大进步。根据教育部公布的《2018 年全国教育事业发展统计公报》数据,我国当前义务教育在校生 1.5 亿人,小学学龄儿童净入学率达到 99.95%,初中阶段毛入学率 100.9%,九年义务教育巩固率 94.2%,高中阶段毛入学率 88.8%,高等

---

① 联合国世界人权宣言. https://www.un.org/zh。

教育毛入学率达到 48.1%。① 一系列的数据显示，世界范围内在提升受教育年限方面都取得巨大的成功。

但是，受教育年限和学习可能是两码事，Barr、Packard 和 Serra 在 2014 年的一项研究中指出，尽管阿尔巴尼亚 99%的成年人都有识字能力，但教育质量非常低下，15 岁以上的学生中有超过 50%的人"除非文本简短而清晰，否则他们很难理解连续的文本；即使采用简短而清晰的文本，除了确定主要想法或找到明确声明的信息，他们难以根据文本做更多的工作"。全世界许多教育体系下儿童的学习成果微乎其微，缓慢的学习进步意味着即使他们完成小学教育，也无法获得基本的技能，学习成效的严重不足引发了学习危机。

世界银行在《2018 年世界发展报告》中将世界范围内广泛的学习危机总结为三个维度：（1）惨不忍睹的学习成果，低水平、高度不平等和进步缓慢；（2）学校未能提高学生的学习水平；（3）教育体系未能为学校提供有效支持。虽然我国教育系统和相关研究较少提到学习危机，但是学习危机的现象在我国可能同样存在。由于采用相对统一的课程标准，我国基础教育基本质量有一定保障，但是不可否认一些贫困地区教育依旧十分薄弱，学生在基础教育阶段的学习效果不佳，同时学生能够获取到的教育资源也相对有限。一些经济发达地区在基础教育上投入较大，但是对学生学习效果缺乏精细化评估，对于有效促进学生成绩进步的学校与教师因素缺乏研究。城乡之间、区域之间、区域内部教育质量差异巨大，存在高度不平等，与世界银行所总结的学习危机第一个维度相契合，也与我国教育均衡化的政策导向相违背。

学习危机第二个维度指出学校未能提高学生的学习水平，学生未能提高学习成绩的直接原因如图 1.1 所示，包括四个方面：（1）学习者未能做好学习的准备，营养状态、生活环境影响等导致学生的初始差异加大；（2）教师往往缺乏进行有效教学的技能或动力；（3）教育资源投入往往没能抵达教学一线或者对学习产生影响；（4）低效的管理和治理往往会降低学校的教育质量。除了学生的基础准备之外，其他三个方面均是学校和教师层面的问题。如果一些学校和教师未能有效提高学生的成

---

① 2018 年全国教育事业发展统计公报. http://www.moe.gov.cn/jyb_sjzl/sjzl_fztjgb/。

绩,那么那些能够提高学生成绩的学校和教师所具备的特征就值得探讨,但是国内对于有效学校和有效教师的研究相对缺乏,现有研究既无法确定是否有些学校和教师未能提高学生成绩,也无法确定有效的学校和教师的特征。

广泛的学习危机引起世界范围内教育工作者和研究者反思评估学生学习效果,为开展学生学习效果研究提供了一个契机。中国教育部在2015年发的《国家义务教育质量监测方案》中提出"建立国家监测制度,促进义务教育质量提高",以期对症下药提出改进学校教育教学的对策。不可否认,在教育数量(受教育年限)充分提高之后,接下来的教育改革必然会将目光聚焦在教育质量的改进。学校和教师如何有效促进学生成绩进步将会成为未来一个重要的教育研究议题。

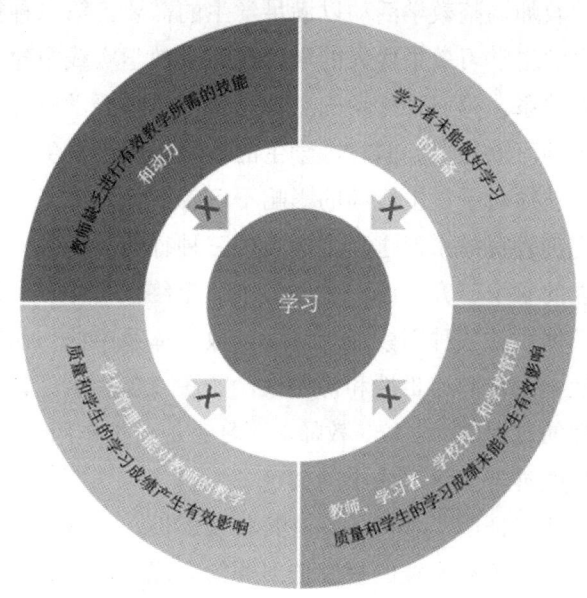

图 1.1 学生未能提高学习成绩的直接原因①

---

① 来源于《2018年世界发展报告:学习 实现教育的愿景》中文版,第12页。

1.1.2　学校和教师是改善学生学习效果的关键

在广泛的学习危机背景下，如何改善学生学习状况，让学生获得更好的学习效果是研究关注的重点。《2018年世界发展报告》提到的三种行动，被认为是完善教育体系、促进学习的关键：（1）对学习进行评估，将学习视为一个严肃的目标，更好地测量和跟踪学生的学习成绩，使用评估结果指导行动；（2）依据事实经验采取行动，促进学校更好地为全体学习者提供教育服务；（3）协调全体行动者的行为，促使整个教育体系为学习发挥作用。三种行动发生的基本场景都在学校之内，第一种行动的执行主体是教师，对学生学习进行评估和追踪有助于指导教师的教学行为，帮助教师调整教学活动以满足学生的需要。第二种行动的主体依旧是教师，学生学习效果优秀的学校在课堂教学实践中建立了密切的教师—学习者关系。第三种行动的主体是学校，需要学校将工作重点转移到提高学生学习效果上。同时，学生的学习过程也发生在学校之中，因此，学校和教师对于学生成绩的影响不可忽视。

无论是完善教育体系促进学生学习的三种行动，还是一系列学校效能或教师效能的学术研究，终归是服务于一个终极目标——促进学生学习进步。教育体系的各种因素应当协调一致，体系中的一切都协同促进学习，从而让学习转向连贯性和协调性，如图1.2所示。让学习转向连贯性和协调性的过程中，学校、教师、学习者是直接作用于学习的因素，学校和教师是改善学生学习效果的关键。

虽然已有研究证明了学校效能有其科学属性，但是关于学校效能的研究成果转化为政策和实践的程度依旧非常有限，研究者普遍认为未来的研究需求将进一步集中在教师身上。教师是提高学校教育质量和学生学业成就的关键因素，各国政府都致力于通过提高教师质量来提高学校的教育质量和学生的学业成绩。

在我国，近年来教师质量或专业素质也受到党和政府的关注，2018年发布的《中共中央　国务院关于全面深化新时代教师队伍建设改革的意见》提出"全面提高中小学教师质量，建设一支高素质专业化的教师队伍"①。同年发布的《国务院办公厅关于进一步调整优化结构提高教育经费使用效益的意见》提出"不断提高教师队伍建设保障水平，……鼓励吸引优秀人才从事教育事业，努力让教师成为全社会尊重的职业"，"各地要完善中小学教师培训经费保障机制，不断提升教师专业素质能力"。②加强教师队伍建设，提高教师质量也是学校多样化特色发展和促进学生综合素质能力提升的重要途径。《高中阶段教育普及攻坚计划（2017—2020年）》指出，"一些学校教育质量不高，普通高中缺乏特色"，应当"加强教师队伍建设"，进而"推动学校多样化有特色发展"。③

  在更早的研究中研究者更关注什么因素影响了教师的专业发展，但上述研究和政策表明教师如何促进学生成绩进步更重要。教师对学生发展起作用的过程主要发生在课堂教学过程中，不同的教师拥有的特征属性（性别、教龄、学历等）存在差异，所以会展现出不同的教学面貌；特征属性之外教师参与专业发展活动的广度和深度也差异巨大，因此入职之后教师的个人成长发展过程也会对所授课班级的学生发挥不同影响，同时教师的有效教学需要教师在课堂过程中与学生不断发生互动。

  一系列关于教师能力提升的政策和相关研究既说明教师队伍建设的重要性，又为提升教师质量提供了政策依据。提升学生学习效果，追根寻源要分析教师的教学过程对于学生学习进步的作用。

---

① 中共中央 国务院关于全面深化新时代教师队伍建设改革的意见. http://www.gov.cn/。
② 国务院办公厅关于进一步调整优化结构提高教育经费使用效益的意见. http://www.gov.cn/zhengce/content/2018-08/27/content_5316874.htm。
③ 教育部等四部门关于印发《高中阶段教育普及攻坚计划（2017-2020年）》的通知. http://www.moe.gov.cn/srcsite/A06/s7053/201704/t20170406_301981.html。

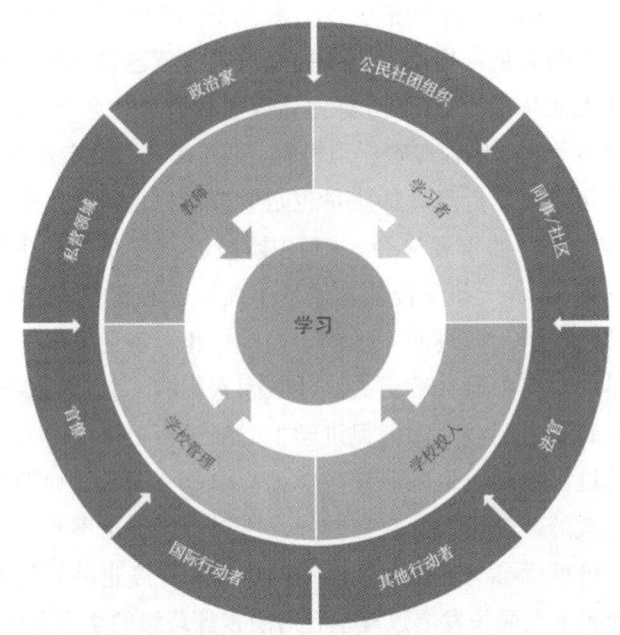

图 1.2 转向学习的连贯性和协调性①

1.1.3 教师相关的国际调查项目兴起与发展

在意识到学习危机、学校和教师对改善学生学习效果起到重要作用的情况下,国际上对于教师质量和教师发展关注度非常高,已经成为当前学校和教师有效性研究的一个重点和热点领域。目前已有多个关于教师专业发展、教师实践及课堂行为的大型国际调查项目,如 TIMSS、TEDS-M、PIRLS 和 TALIS(见表 1.1)。四个教师相关调查项目的信息来源于国际教育成就评价协会(IEA)和经济合作与发展组织(OECD)官方网站,下述介绍系整理翻译。

国际数学与科学教育成就趋势调查(The Trends in International Mathematics and Science Study,TIMSS)是 IEA 的旗舰研究,从 1995 年开始实施,项目每 4 年一轮,目的是使世界各国能够做出循证决策,

---

① 来源于《2018 年世界发展报告:学习 实现教育的愿景》中文版,第 35 页。

以改善与数学和科学教学有关的教育政策。该项目通过测试和问卷调查考察国际上学生数学和科学成绩的状况，对学生数学和科学成绩进行评估。除了对成绩的评估之外，TIMSS 还利用学校、教师、学生及家庭问卷收集有关学校和家庭中与学习和学生成绩相关的背景因素，包括如何组织教育系统以促进学习，学生的家庭环境和对学习的支持，学校的气候和资源，以及教师在教室中如何进行教学，等等。

中小学数学教师培育跨国研究（Teacher Education and Development Study in Mathematics，TEDS-M）由 IEA 主办，是针对各国中小学数学职前教师进行的跨国比较研究，主要聚焦于师资培育的政策、教学的实践历程及教师专业表现的调查。该研究收集了有关教师教育机构和课程的各种特征的信息，还收集了在这些情况下学习机会的信息，以及未来教师对数学和学习数学的知识和信念的信息。调查对象为各国的教育政策制定者、培育未来师资的教师及未来的教师，主要数据收集于 2007—2008 年。

国际阅读素养进展研究（Progress in International Reading Literacy Study，PIRLS）是 IEA 的核心研究之一。2001 年以来该项目计划每五年进行一次全球范围阅读素养评价，以此来监控和评估四年级学生阅读能力的未来发展。四年级是儿童阅读发展的关键过渡阶段，从学习—阅读向阅读—学习转变。在这个关键阶段评估阅读成绩，可为教育者和政策制定者提供有关其教育系统有效性的重要见解，并有助于确定有待改进的地方。除对阅读评估之外，PIRLS 还利用学校、教师、学生和家庭问卷收集有关家庭和学校环境因素的大量信息，包括有关教育系统如何组织以促进学习的信息，学生的家庭环境和学习支持，学校的气候和资源，以及课堂上通常如何进行教学，等等。

教师教学国际调查（Teaching and Learning International Survey，TALIS）是由经济合作与发展组织（OECD）研发，针对教师专业发展、教学理念及实践和教师工作环境进行调研的国际项目。该项目的目的是了解各国和地区的校长和教师的专业准备、入职培训、专业发展、教学理念与实践、教师评价、校长领导力、学校氛围与支持等方面的情况，积累 OECD 成员国、伙伴国和地区关于教师教学行为、教师对学生学习状况影响等数据，促进各国政府对于在职教师的关心和重视。TALIS 分别于 2008 年、2013 年和 2018 年进行了三轮调查,上海在 2013 年作为内地首个参加的地区参与了 TALIS 2013 调查框架的开发和完善,并参与了后续的调查。

上述四个比较重要的项目,为研究学校和教师哪些特征促进学生学习成绩进步提供了数据基础。众多教师相关的国际调查项目兴起与发展,一方面说明了教师素质和职业发展作为改善学生成绩的因素已经得到广泛的关注;另一方面为进行教师研究提供了基础工具,方便更多研究者借鉴成熟的国际项目进行本地化、区域化教师研究。

除了上述四个项目,另外还有 OECD 研发的 PISA 项目(Program for International Student Assessment),在测试 15 岁学生的阅读、数学和科学水平时,也会收集校长问卷和部分家长、教师问卷,部分数据可用于教师、学校与学生成绩的相关研究。

表 1.1 教师相关的知名国际调查项目

项目名称	中文项目名	执行方	调查内容	调查开展情况
TIMSS	国际数学与科学教育成就趋势调查	国际教育成就评价协会(IEA)	测量学生数学和科学成绩的状况,了解影响成绩的不同因素	1995 年启动,每 4 年一轮
TEDS-M	中小学数学教师培育跨国研究	国际教育成就评价协会(IEA)	针对各国中小学数学职前教师进行的跨国比较研究,主要聚焦于师资培育的政策、教学的实践历程及教师专业表现	主要数据收集于 2007—2008 年
PIRLS	国际阅读素养进展研究	国际教育成就评价协会(IEA)	监控和评估四年级学生的阅读能力的未来发展	2001 年启动,每五年一轮
TALIS	教师教学国际调查	经济合作与发展组织(OECD)	了解各国和地区的校长和教师的专业准备、入职培训、专业发展、教学理念与实践、教师评价、校长领导力、学校氛围与支持等方面的情况	分别于 2008 年、2013 年和 2018 年进行了三轮调查

1.2 研究问题

广泛的学习危机引起教育工作者和研究者反思评估学生学习效果，为开展学生学习效果研究提供了一个契机。众多教师相关的国际调查项目兴起与发展，为进行教师研究提供了基础工具，方便更多研究者借鉴成熟的国际项目进行本地化、区域化教师研究。学生学业成绩是学校学习效果的一种直观体现，学生家长和其他利益相关者一般将学生成绩作为衡量学校和任课教师质量的重要依据。除了学生个人努力和难以短期改变的家庭影响之外，教学过程是另一个对于学生成绩有重要影响的因素。学校效能评价能够保障和提高教育质量、促进义务教育均衡、合理评价教师绩效。

综上所述，研究教学过程中学生学业成绩的影响因素具有非常重要的现实和理论价值。因此，本研究主要从教学过程对学生成绩产生影响的视角出发，基于教育经济学和教师教育研究的相关理论基础，通过严谨的实证研究关注学校和教师对学生成绩的作用。具体而言，包括以下3个研究问题。

第一，如何评价学校和教师对于学生成绩是否有效。学校对学生成绩的影响是否存在校际差异，哪些学校是"好"学校；不同教师对学生成绩的影响是否存在差异，哪些教师是"好"教师。当然，本研究所谓的"好"学校和"好"教师仅仅是从学生成绩角度衡量的狭隘意义上的好学校和好教师。评价学校和教师是否发挥作用，本质上是选择评价标准和评价方法的问题，本研究选择增值性评价对学校和教师的作用进行评价，并将评价结果与传统的出口考试分数的标准分评价结果进行对比，以此说明选择不同评价方式所得出的结论存在差异，并证明建立多角度、多维度学校和教师评价体系的必要性。

第二，哪些学校特征和教师因素对学生成绩产生影响。学校对于学生成绩存在影响毋庸置疑，但是学校本身是一个集合概念，对学生成绩产生作用的因素可能来源于学校的资源投入、学校的氛围等；同样，教师是一个行为主体，会拥有多种个人特征，同时，教师的成长和实践过程会表现出多种行为。学校特征、教师特征或行为并非全部能够对学生成绩造成影响，因此需要探索并明确哪些因素对学生成绩产生了作用。明晰学校和教师能有效促进学生成绩进步的特征，有利于引导教育部门把握对学校投入或教师选拔和培养的关注点。

第三，教师行为对学生成绩产生作用的影响机制如何。教师行为非常复杂，既包括进入教师行业之前职前准备和进入教师行业之后的专业发展，也包括教师在课堂教学中所表现出的课堂实践和自我效能感，这些因素对于学生成绩的影响机制值得探讨。

1.3 研究意义

1.3.1 理论意义

在理论意义方面，本研究是将传统教育经济学与传统教师教育研究相结合的一次有益尝试，其边际贡献主要包括 3 个方面。

（1）从理论上说明构建多角度、多维度学校和教师评价体系的必要性。在我国教育评价领域，传统上对于学校、教师和学生的评价均是采用终结性评价，即以学生的一次考试成绩作为评价标准。国内对于高中学校的评价指标主要是依托于高考分数的升学率、重点本科上线率等。但是这种评价方式并不科学，由于不同高中招收的学生质量差异较大，这种评价方式让学校不断分化，"强者越强"，优质高中因为能获得优质的生源，在最终的出口评价测试（如高考）上占尽先机，可能会导致学校尽可能争取优质生源，而非尽可能促进学生的学习进步。本研究采用真实的学生成绩测试成绩，采用增值模型分析了学校和教师在学生成绩差异中所起到的作用，并将增值模型的分析结果与传统评价方式的结果进行对比，提供了学校和教师评价的另一个视角。在某种程度上，相对于传统均值评价，对学校和教师采用增值性评价模型更科学合理，为教育评价方法的更新和改进提供了实证证据，也为未来教育部门对于学校和教师进行绩效考核评估时采用增值性评估提供依据。但是考虑到增值模型受班级影响较大，随机分班等前置条件难以实现，导致估计结果可能有偏，因此本研究建议构建多角度、多维度学校和教师评价体系，将增值评价与传统均值评价结果综合考虑和应用。

（2）拓展教育生产函数。经过数十年的发展，无论是从教育投入角度，还是教育产出角度，教育生产函数从理念到实证研究已经有较多积累。但是从"教育投入"到"教育产出"如何发挥作用的"黑箱"依旧值得探索和实证论证。结合教育学领域的有效学校理论，本研究将海淀区独特的学生成绩数据、行政管理数据和教师问卷数据进行匹配整合，探索分析了有效学校理论中提到的多种学校因素和教师行为对于学生成绩的作用，对教育生产函数有一些细微的拓展和新理解。

（3）初步提出了教师的"成长—实践—增值"模型。教师的职前准备、专业发展活动、学习共同体等成长行为，难以直接作用于学生成绩或引起教师增值。教师的教学行为在成长和增值之间起到中介作用，教师的成长发展通过课堂行为影响到学生成绩或教师增值。

1.3.2 现实意义

基于促进教育均衡发展、促进国家义务教育质量监测体系、加强教师队伍建设等当前基础教育的教育教学改革相关举措和政策，从不同利益相关者视角进行分类，本研究的现实意义和独特性主要包括以下4个方面。

（1）为类似主题的研究提供了数据整合的范例。本研究的数据比较独特：收集了学校特征的网络数据；海淀区高三学生中考成绩、高考一模考试成绩等回溯性学生成绩数据，并且根据教育行政管理数据中教师所在学校和教师所带班级的信息，将教师与学校、学生进行匹配；同时，通过设计严谨的问卷收集了教师特征数据和行为量表数据，从而构成学校—教师—学生三个层面的数据集。虽然这种收集数据的方式与表 1.1 中大型调查项目收集的数据有一定差距，但是更节省成本、可行性更高、实用性更强。

（2）为政府教育管理部门和高中学校提供了采用多种评价方法的借鉴和证据。未来教育改革的方向是促进各级学生的全面发展，促进区域内高中均衡发展有利于促进义务教育阶段中小学生的健康全面发展。改革评价方式是促进区域内高中教育均衡发展的第一步。教育增值模型为教育问责提供了客观、规范的标准。本研究以北京市海淀区高中学校为例，为海淀区的高中提供了增值性评价结果和排序，通过增值性评价结果和常规评价结果的对比，可以更清晰地显示具体某一所高中在全海淀区所处的位次。海淀区政府基于增值性评估的结果，可以为未来调整不同高中教育资源投入提供实证依据。当然，本研究仅是提供了一个范例，运用的范围并非仅局限于海淀区，其他城市或地区也可以借鉴此评价方法。此外，增值性评价方法有助于促使教育主管部门更关注"学生成绩的增长"，而不是单纯关注"成绩本身"；更合理评估学校效能，进而更合理地进行教育投入。

（3）为中小学教师队伍建设包括专业发展、实践活动等提供实证依据。教师的职前准备、专业发展活动、学习共同体等因素并非全部对学生成绩产生显著影响。同时不同科目的教师行为对于学生成绩的影响存在差异，同一学校之内，不同科目的教师应当采取不同的专业发展培训，引导不同的教学实践活动。基于本研究的实证结论，中小学可以有针对性地进行教师培养，并可以为未来高中学校的教师招聘等提供参考。

（4）为学生和家长选择高中学校提供参考和帮助。本研究的增值评价结果可为北京市海淀区的家长和初中毕业生选择高中学校提供借鉴和帮助。同时增值评价的结果表明一类学校作为"最好"的高中，其标准分最高，但是增值估计的分数在语文、数学、化学三科均为负数；相对而言，三类学校的标准分均为负数，但是增值估计的分数是正数。如果从选学校"性价比"的角度，三类学校更合适。这个方法也可以适用于其他地区，帮助家长和初中毕业生识别"性价比高"的学校。

1.4　本书结构

本书的篇章结构如图 1.3 所示。其中，在第一章绪论部分介绍了本研究的背景、研究问题和研究意义。

在第二章对教育生产函数、有效学校理论、教师效能理论进行了分析和介绍，并对学校效能和教师效能的相关研究文献进行了综述，包括学校效能的早期争论、教师有效性作为探索学校效能"黑箱"的一部分、学生成绩在学校之间和教师之间存在差异的实证证据。在此基础上，将学校对学生成绩的影响、教师对学生成绩的影响相关文献进行了总结和分析。

在第三章介绍了研究设计，包括核心概念的界定、研究框架、研究方法和数据来源。其中研究框架部分，本研究在充分分析全球知名的 TALIS 项目基础上设计理论和实证框架。研究方法介绍了除描述性统计分析、一般线性回归（OLS）之外的其他方法，包括因子分析、结构方程模型、增值模型、多层线性模型等。

第四章是实证分析教师行为如何影响学生成绩之前的准备章节。根据每个量表的特点，本章采取合适的因子分析方式对教师职前准备、课堂行为、自我效能感、有效专业发展活动、学习共同体、未来发展机会、职业认同感、职业倦怠感等 8 个量表的可靠性进行了分类和验证。

第五章至第八章是实证研究。第五章采用多层线性回归和增值模型分析了学校之间增值的差异和教师之间增值的差异。第六章采用多层线性模型分析了教师特征变量对学生成绩的影响。第七章采用多层线性模型分析了教师行为（职前准备、课堂行为、自我效能感、专业发展活动、学习共同体等）和学校支持（未来发展机会、职业认同感、职业倦怠感等）对学生成绩的影响。第八章借鉴 Desimone（2009）总结的理论框架，提出"成长—实践—增值"概念模型，采用多层线性模型、OLS 回归等方法初步验证了该模型。

第九章是结论与政策建议，包括学校层面和教师层面的研究结论、政策建议、研究贡献和创新、研究的不足之处与未来研究方向等。

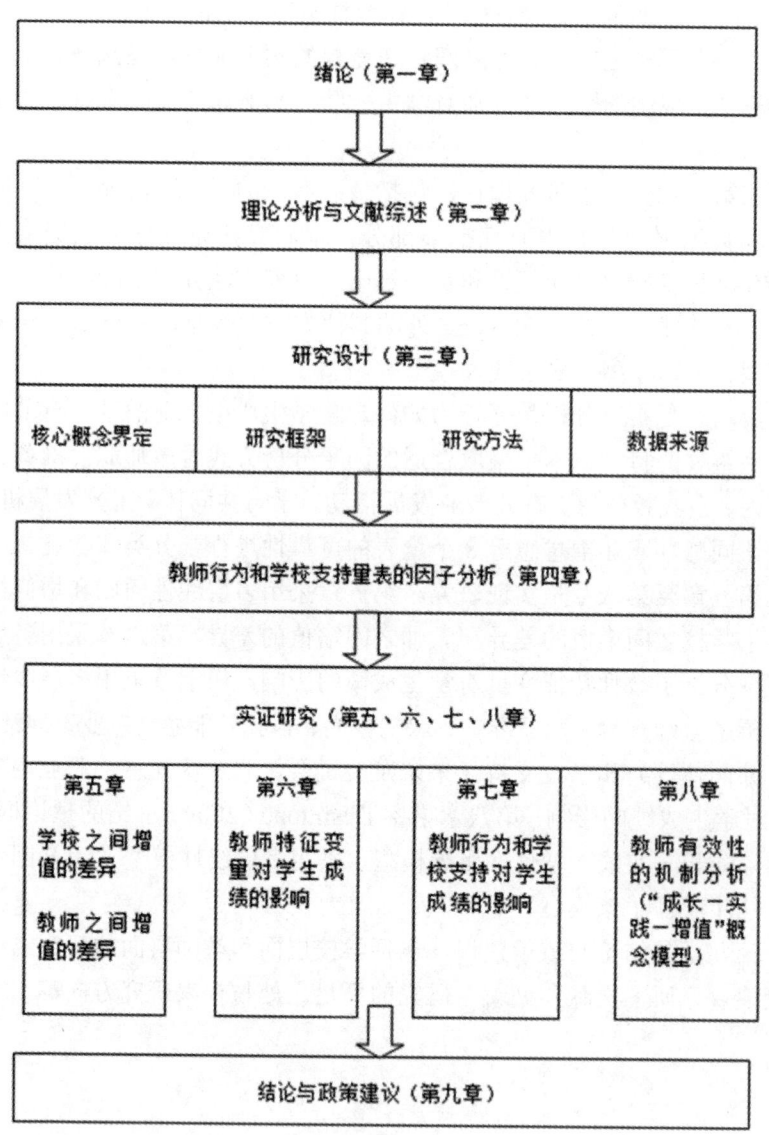

图 1.3 本书篇章结构图

第二章 理论分析与文献综述

本章首先介绍了所涉及的相关理论，其中教育生产函数是教育经济学领域的经典理论，是探讨教育投入产出效果的基础理论；有效学校理论和教师效能理论是教育学领域的经典理论，通过一系列案例研究和课堂观察寻找到有效学校和教师的特征。其次，在相关理论的基础上对学校效能、教师效能的研究脉络进行了综述。最后，将学校和教师对学生成绩影响的实证研究进行了综述。本章力求系统反映该领域已有的研究成果和前沿研究动态，以期与本研究后续的实证研究结果进行对比和分析。

2.1 相关理论

2.1.1 教育生产函数

在过去几十年里，用于分析教育资源对学生成绩影响的主要范式是教育生产函数。教育生产函数表示在一系列的教育资源投入下教育的成果产出。其中教育资源投入包括学生个体特征、家庭特征、学校相关因素以及区域相关因素，而教育产出包括学生的认知技能（学业成绩）和非认知技能、社会外部性等。不过相对于经济领域的生产函数，教育生产函数显然更难定义和测量，因为教育所投入的资源多种多样，教育的产出也并非互相排斥（如学生经过学校教育，同时产出语文、数学、英语多种技能），同时教育又是一种具备正外部性的准公共产品，所以设计一个完美包括教育资源投入和产出的教育生产函数模型非常困难。已有概念模型和经验模型之间的差异也意味着对经验结果的解释通常需要一系列隐含的假设。

教育投入可以划分为学校投入和非学校投入两部分。其中学校投入包括物质投入（设施设备等资源）和人力投入（教师等）；非学校投入包括家庭投入、社区投入以及学生天赋。上述投入又可以分为可操纵投入与不可操纵投入，显然学生的个体特征、家庭特征难以被轻易操纵，但是学校投入相对容易操纵，进而影响教育资源的分配和教育公平问题，所以对于学校投入的研究历久弥新。对于学生而言，其所面临的学校环境和教师质量存在巨大差异，这些教育资源的投入如何影响学生更是教育经济学和教师教育研究两个领域长期关注的问题。教育产出包括基本技能、职业技能、创造力、态度和其他产出，但是在已有的文献之中，除了基本技能即学生的知识学习，其他产出的测量均需要更进一步的研究。

在本研究中我们只考虑一个产出，即学生成绩，多个投入的教育生产模型可以表示为式（2.1），这是一个最基本的教育生产函数的数学理论模型。

$$Q_t = f(S_t, F_t) \quad (2.1)$$

其中 Q_t 表示 t 期的学生成绩，S_t 表示 t 期的学校投入，F_t 表示 t 期的非学校投入。如果进一步将学校投入和非学校投入细化，同时必须考虑到从教育投入到教育产出需要一定的时间，当期的教育投入很难影响当期的教育产出，因此教育投入要素至少应采用滞后一期的数据，因此可将教育生产函数表示为式（2.2）。

$$Q_t = f(school_{t-1}, teacher_{t-1}, family_{t-1}, peer_{t-1}, stutent_{t-1}, \varepsilon_{t-1}) \quad (2.2)$$

在式（2.2）中 Q_t 表示 t 期的学生成绩，$school_{t-1}$ 表示 t-1 期学校的非教师资源投入以及学校环境，$teacher_{t-1}$ 表示学校的教师资源投入，$family_{t-1}$ 表示 t-1 期家庭的投入（包括家庭背景等因素），$peer_{t-1}$ 表示 t-1 期的学生同伴效应，$stutent_{t-1}$ 表示学生 t-1 期的努力程度，ε_{t-1} 表示 t-1 期其他未考虑到的投入要素。

关于教育生产函数的研究，研究者们在早期更关注一些外在的因素，例如经费支出结构、教师学历和工资、班级规模等。随着教育投入的不断提升，不同公立学校之间的办学条件差距逐渐缩小，但是学生成绩在学校之间或班级之间依旧表现出巨大的差异，由此可见在这些外在条件之外，还有一些内在的因素产生作用。对"教师总体影响"的研究也证明不同学校的学生以及同一所学校不同班级（授课教师）的学生所掌握的知识数量存在明显差异，说明学生成绩确实存在同一所学校不同授课教师间的差异。教师是学校生产过程中最关键的投入，Murnane 和 Nelson（1984）认为有效教学要求了解学生的基础和个人信息以及在课堂教学中获得与学生互动的信息，需要教师对教学环境做出合适的个性化反映，因此教师之间确实会存在技能差异。同时，技能差异观念认为相同特征变量的教师在课堂上可能表现出风格迥异的教学方式、策略和自我信念，而教学行为等因素的差异是学生成绩的重要决定因素。

已有的研究虽然采用教育生产函数估算了教师特征变量（性别、教龄、职务等）对于学生成绩的影响，但是大多数研究难以充分测量教师的品质和行为。本研究最关注的核心自变量是 $teacher_{t-1}$，即学校教师资源的投入。在本研究中我们通过教师问卷调查的方式，既获取了教师的个人背景等特征变量，同时采用多个量表测量了教师的职前准备、自我效能、专业发展等品质或行为，并且通过教育行政数据将教师行为问卷和所教学生链接，通过全面的教师数据和学生数据匹配能够更准确估算教师行为对于学生成绩的影响。

2.1.2　有效学校理论

有效学校理论出现在 20 世纪 70 年代，与 1966 年发布的"科尔曼报告"有密切关系，该报告启动了有效学校的相关研究。有效学校研究通过实地考察不同类型的典型学校，探究有些学校为什么比其他学校做得更好，以及做得更好的学校对于学生发展起作用的因素。有效学校的研究与掌握学习理论的出现也密切相关，布卢姆所提出的掌握学习理论认为只要提供适当的条件和时间，所有学生都会对相同的教学内容达到掌握的程度，学生学习成就的差异由学校、教师、家长等后天社会环境因素造成。因此有效学校理论的立论基础就是学校教育对学生的学习影响至关重要。在有效学校的研究中主要采用案例分析,对每个学校进行深入的分析和课堂观察,进而给出详细的描述。

有效学校理论认为学校的改善不仅是硬件条件的改善,更应充分注重教学过程、教学行为的改善,同时学校风气(氛围)也是影响学生成绩的重要因素。Edmonds(1979)对有效学校的特征进行总结,认为包括6个特征:(1)强有力的行政领导;(2)对贫困学生具有期望的氛围,不允许任何学生低于有效的最低标准;(3)良好的学校氛围,有利于教师开展教学活动与学生进行学习活动;(4)明确表明学生获得基本的学校技能要优先于所有其他学校活动;(5)当必要时学校的资源可以为了实现基本目标而转移业务;(6)对学生的学习效果有一个评估系统,可以及时监测学生的学习成绩是否进步。Mackenzie(1983)在综述性研究中总结了已有文献中关于学校有效性的因素,一共有31个核心元素和促进元素,并总结出领导力、有效性和效率性三个维度,这些维度涵盖了学校、教师和学生的层次。

Purkey 和 Smith(1983)通过文献综述研究,描绘了识别如下一幅有效学校的画面。(1)学校现场管理:学校领导和教职员工在确定解决提高学业成绩的确切方法时需要相当大的自主权。(2)教学领导:领导力需要发起并保持改进,校长在其中扮演着独特的角色。(3)保持员工稳定度:员工频繁地离职具有破坏性,可能会阻碍在校学生个性的连贯增长。(4)课程的组织和衔接:不同学习阶段需要采用不同的课程学习方式和教学方式。(5)全校员工发展:员工发展应在全校范围内,而不是针对个别老师,并应与学校的教学计划相关,这项工作是渐进的,需要长期的支持和加强。(6)父母的参与和支持:获得父母的支持很可能会促进学生的成就。(7)全校对成绩优异者的认可:学校应公开表彰成绩优异者,鼓励其他学生采用相似的规范和价值观。(8)在学习上有效利用时间。(9)获得学区(地方政府)的支持。

基于有效学校理论中最具代表性的 Edmonds(1979)、Mackenzie(1983)、Purkey 和 Smith(1983)的研究中对于有效学校的描绘,有效学校最核心的因素依旧是学校和教师两方面:学校方面涉及学校的组织、领导、外部支持等;教师方面包括教师的专业发展、课堂行为、自我效能感等。有效学校强调学校拥有的特质或资源是学生取得优秀学业成就的必要不充分条件。

虽然有效学校理论已经从方方面面梳理了学校和教师的哪些因素可能对学生取得学业成就产生作用，但是有效学校理论并不存在一个统一的概念性框架，进而影响人们从纷繁复杂的有效学校特征中引申出有意义的结构。另外，有效学校理论本身的研究方法存在一定缺陷，案例研究和课堂观察方法所得出的结论在推广性受到一些质疑。同时，在有效学校理论中提出有效学校表现出某个特征时，我们并无法获知为什么这种特征会起作用。

尽管有效学校理论存在一些不足，但是该理论与本研究密切相关。有效学校理论的已有研究可以帮助本研究选择学校和教师行为变量，并提供一定的解释。

2.1.3 教师效能（有效性）理论

由于翻译表达原因，教师效能在中文文献中的释义非常不清晰：一部分文献中所谓的教师效能是指 teacher efficacy，实际指教师自我效能感，表达教师的自我信念的含义；另一部分文献的教师效能是指 teacher effectiveness，实际是表达教师有效性的含义，即教师对学生的影响。为了减少误解，本研究中将 teacher efficacy 明确表示（翻译）为教师自我效能感；将 teacher effectiveness 明确表示（翻译）为教师效能。本研究所提到的教师效能等价于教师有效性。

教师是学校的关键组成部分，早期的学校效能与教师效能研究相互分离。Teddlie 等（1994、2000）讨论了教师效能和学校效能研究的历史性分离：大多数教师效能研究一直在关注课堂教学过程，而排除学校范围的因素；大多数学校效能研究涉及整个学校中发生的现象，对课堂教学的关注较少。在教师效能和学校效能研究互相融合的过程中，有效学校的相关研究中逐渐包括了教师因素对于学生的影响，在广义概念上，教师有效性也可作为学校有效性的一个重要部分。但是更多的时候，是将教师效能单独作为一个主题进行分析,将教师对学生成绩进步的单独贡献分离出来,更加公平、精确,具有引导教师关注全体学生、促进教师专业化发展、缓和生源"大战"及促进教师资源合理配置等方面的优势。

教师效能是指产生或促进学习的行动类型,是课堂因素(例如教学方法、教师期望、课堂组织和课堂资源的使用)对学生表现的影响。教师效能理论是指教师高质量教学对学生学习的影响,高质量的教学是创造、培养、适应和谈判学习环境的动态和互动过程。

教师效能研究的相关模型非常多样,主要包括目标导向模型、资源利用模型、持续学习模型、差异化的教师效能理论等。其中,大多数关于教师效能的研究都采用目标导向的模型来衡量效能,即如果教师能够根据学校目标完成计划的目标和分配的任务,那么教师是有效的。因此目标和任务完成的程度被视为衡量教师效能的标准。这种模式的优点是它使研究人员、政策制定者、学校行政人员和教师能够将注意力集中在可直接或间接有助于教育成果的任务上。但是在资源和支持的限制下,教师可能无法一次成功地完成所有分配的任务,尤其是当分配给他们的目标和任务要求很高时,任务本质上是多样的或冲突的。例如,资源利用模型认为资源和支持是完成分配的任务以及实现各种目标和期望的关键因素;持续学习模型基于不断变化的教育环境会影响每位教师,因此期望有效的教师能够适应外部和内部的变化,应对各种挑战,并通过不断学习来发展自己。

每种教师效能模型的基本特征可能会非常不同,并且每种模型都有其自身的优点和缺点,单一模型方法不足以理解教师效能。Seidel 和 Shavelson(2007)总结了近十年来教学效果研究,发现教学领域的影响最大,教学最接近于学习的执行过程。因此,虽然教师效能理论复杂多样,但是没必要陷入某个具体理论的争论之中,而应当抓住教师有效性的关键在于教师的教学活动,教学活动是直接作用于学生成绩的步骤,以及什么影响了教学活动即是影响教师有效性的关键所在。

2.2 学校效能和教师效能的相关研究

2.2.1 学校效能早期的争论

"科尔曼报告"掀起公立学校"钱花得是否有用"的讨论，进而启动了学界对学校效能的相关讨论，早期争论中比较有代表性的学者包括 Eric Hanushek、Larry Hedges、Alan Krueger 等。Hanushek（1981、1986、1989、1991、1997、2002、2003）完成了关于教育生产功能的最全面和最重要的系列研究，早期他的研究关注了生师比、教师教育、教师经验、教师工资、行政投入和设施等多个教育投入，并认为学校资源的多少与学生的学业水平之间不存在关系，进而在此基础上他建立了一个违反直觉的概念"钱对于学校并不重要"，同时他也在一系列的研究中引入绩效激励（工资）政策，以此作为改善学校效能的方法。具体而言，在"学校资源与学生成绩无关"的观点上，Hanushek（1981）的研究认为公立学校在效能方面面临严重问题，现有证据表明学校支出与学生成绩之间没有关系，减少班级人数或雇用受过良好培训的教师等传统补救措施不太可能改善公立学校效能；Hanushek（1989）的研究指出，没有强有力的证据表明师生比例、教师教育或教师经验对学生成绩有预期的积极影响，行政和设施与学生成绩没有系统的关系，学校支出和学生表现之间也没有强有力的或系统的关系；Hanushek（1997）在总结了近 400 项关于学生成绩研究的基础上认为，在考虑了家庭投入的变化之后，学生成绩与学校资源之间没有牢固或一致的关系。在绩效激励方面，Hanushek（1981）提到没有理由相信学校将依靠自己或通过消费者压力而朝着更高效的运营方向发展，应更加注意制定直接的绩效激励措施；Hanushek（2003）进一步强调为了提高学校的质量，各地政府已大大增加了用于学校的资源，但是这些资源几乎没有在提高学生成绩方面产生任何效果，因而必须考虑替代的绩效激励政策。教师工资方面，Hanushek 等（2004）指出许多学区在吸引和留住教师方面遇到困难，分析影响教师更换学校或完全退出公立学校的因素发现教师的机动性与学生特征（尤其是种族和成就）的关系远比工资高得多，尽管一旦考虑到补偿差异后工资只产生适度的影响。

受制于有限的政府预算和对公立学校效能的质疑，Hanushek 关于学校支出与学生成绩无关的证据，在一定程度上转移了研究者在讨论"如何改善教育"时对教育投入是否充足的注意力。不过 Hanushek 的观点受到非常多研究者的质疑，因为同时期的多项实证研究结果表明学校资源与学生成绩之间存在明显的关系，即使是采用与 Hanushek 同样的数据样本，两者之间的关系也是系统相关，例如 Hedges、Laine 和 Greenwald（1994）认为 Hanushek 用来综合研究结果的分析方法统计能力较低，因此他的结论（接受零假设）似乎特别可疑，如果采用更强大的统计分析方法（元分析）对多项学校投入对学生成绩影响的研究进行综合分析，可以发现学校资源投入与教育成果之间存在着系统的正相关关系，而且回归系数足够大，具有实际意义。当然他们的研究中也特别声明他们也不认为"向学校扔钱"是提高学校效能的最有效方法，但是"钱（资源）"对于学校至关重要。更进一步的，Greenwald、Hedges 和 Laine（2006）对该领域 60 项研究进行元分析，再次证实学校资源与学生的学习成绩呈正相关且效果足够大，学校支出的适度增加可能与学生成绩的显著提高有关。

除了与学生成绩密切相关，学校是否有效的另外一个重要的表现是学生的教育收益率。Card 和 Krueger 从教育收益率的角度佐证了学校的有效性，Card 和 Krueger（1992）估计了学校质量对 1920—1949 年出生的男性的教育回报率的影响，研究发现，教育质量会影响收入，学校质量的提高可以提高学生的平均收入。同时 Card 和 Krueger（1996）回顾并解释了有关学校资源对学生最终收入和教育程度影响的文献，他们认为在某种程度上对学校资源的解释取决于个人立场，如果从学校资源没有改变学生成绩的立场出发，确实可以指出大量证据证明学校资源与考试成绩之间缺乏统计学的显著关系；但是如果从资源确实有所作为的观点出发，那么关于学校质量和成果的现有证据可能被解释为总体上是支持的，因此针对学校质量发生较大变化的特定事件的研究可能才是有价值的。

准确客观地评价学校的效能是学校评价的核心问题，早期关于学校效能的争论奠定了该领域的研究基础。虽然不同的研究并没有得出一致结论，甚至可能得出截然相反的结论，但是早期的争论确实促进了学校效能研究的进步。虽然到目前为止学校效能的"黑箱"依旧没有彻底打开，但是早期的研究和争论有助于研究者将学生成绩划分为学生、教师和学校等层面的一系列固定效果进行进一步研究。

2.2.2 教师有效性作为探索学校效能黑箱的一部分

教师是探索学校效能"黑箱"的重要一部分，大多数教育政策讨论都直接或间接地关注教师的角色，表面原因当然是因为教师是学校中最大的单一预算要素，在一个比较长的时间跨度上来看教师薪酬福利占学校支出的比重远远高于其他支出。但更深层次的原因是利益相关者们普遍认为教师质量对于学生成绩至关重要，教师是确定学校质量的基本要素。如何评价教师质量对于学校管理者至关重要，Hanushek（1971）和Murnane（1975）提出采用增值模型（Value-added Model，VAM 模型）估计教师质量，增值模型将学生成绩归因于学生异质性和教师质量两部分，该模型隐含着对教育生产功能的性质以及学生随机分配的假设。

如果教师对于学生成绩至关重要，那么什么样的教师是有效教师，或者教师有效的特征是什么，无疑是研究者的关注点。教师有效性的影响因素多种多样，Day 等（2006）比较全面地总结了教师有效性的影响因素，以及教师有效性对学生的影响（见图 2.1）。教师有效性的影响因素可以分为外部和内部影响两部分，其中外部影响是来源于政府政策、学校氛围、学生特征等，而内部影响是教师自我的特征和感受。

将教师作为一个整体，许多研究都估算出了教师质量对于学生成绩的作用。例如 Rockoff 等（2004）研究表明学校内教师的质量差别很大，教师质量能够显著提高学生的阅读和数学成绩；Nye 等（2004）在控制可能影响结果的选择效应的前提下，同样证实教师对于学生成绩确实有作用，并且教师对数学成就的影响大于对阅读成就的影响。但是关键的问题在于如何衡量教师的质量或有效性，研究人员对优秀教师的特征尚无共识。Hanushek 和 Rivkin（2010）的研究中提到教师对学生成绩的贡献有两个普遍接受的结果：第一，通过提高成就或未来学业成就或者收入的价值来衡量教师的质量存在很大差异；第二，通常用来确定进入职业和薪资的变量,例如学历、证书等,并不能解释所测得的教师质量的变化,因此我们所观察到的教师特征并不代表教师的质量。Rivkin、Hanushek 和 Kain(2005)通过一项实证研究表明教师质量的变化很少由可观察到的特征解释,教师可观察特征只能解释学生成绩大约 5%的变化。

在寻找"优秀教师"的过程中,许多教师特征都被用来衡量教师的质量,例如一些研究认为可以将教师本科院校的选择性、教师执照考试成绩、教师证书等属性作为教师质量的代理,然而 Hanushek 和 Rivkin(2006)认为寻找"优秀教师"非常困难,大多数教师认证只是为了确保不把非常差的教师招进来,如果施行过于严格的教师认证将会减少教师的供应,增加教师的成本[44]。还有一些研究认为教师的非认知能力、教师的专业发展、教师课堂活动可能会影响学生成绩。

总体而言,教师对于学生成绩至关重要,教师是打开学校效能"黑箱"的关键部分已经得到研究者们普遍认可。但是关于有效教师("优秀教师""好老师")的特征、特点依旧存在分歧,尽可能探索分析更多的有效教师特征依旧任重道远。

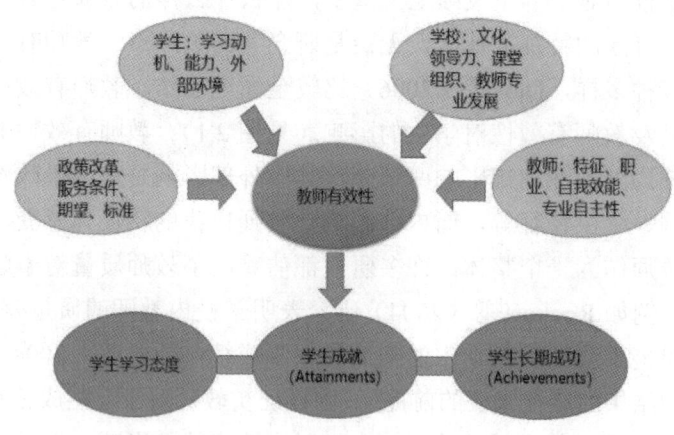

图 2.1　教师有效性的影响因素①

---

① Day C, Stobart G, Sammons P, Kington A, Gu Q, Smees R, Mujtaba T. Variations in teachers' work, lives and effectiveness[J]. Final report for the VITAE Project, DfES, 2006: 15.

2.2.3 学生成绩在学校之间和教师之间存在差异的实证证据

现有研究普遍认为学生成绩在学校之间和教师之间存在差异，差异来源于多种因素。将学校或教师作为一个整体，不拆分其中的各种因素，估算校际差异或教师间差异是进行学校效能或教师效能的第一步。

学校效能校际差异方面，国内外研究由于样本选择的差异，计算的学校整体对学生成绩的解释能力存在差异，国外计算的数值一般偏小，例如 Mayeske（1973）的研究报告指出学校因素对学生成绩的单独贡献非常小，只有 4%左右。Creemers 和 Reezigt（1996）总结了已有的研究，认为至少在西半球而言，可以将 10%—20%的学生成绩差异归因于学校。而国内计算的数值偏大，例如杜屏和杨中超（2011）年对西部农村初中进行增值评价，发现校际差异对学生成绩和学习适应性都有很大影响，学校间差异对数学、语文成绩和学习适应力分别有 32%、29%和 11%的影响力，同时在提高学校效能方面，不同学校之间存在较大的校际差异。薛海平和闵维方（2008）以甘肃农村初中语文和数学两个科目作为研究对象，方差分析结果表明初中学生的语文、数学成绩在个体、班级、学校三个水平上均存在显著差异，大约 21%的数学成绩差异来源于校际差异，大约 38%的语文成绩来源于校际差异。萨丽·托马斯等（2012）利用 3 个地级市 120 多所普通高中学校高三学生的数据，估算认为 2009 年学生高考总分的 24%—27%可以归因于校际差异。萨丽·托马斯等（2015）进一步计算得出高考语文分数 12%—26%可以归因于校际差异，高考英语分数 15%—27%可以归因于校际差异，高考数学分数 16%—24%可以归因于校际差异。赵必华（2013）利用安徽省 10 个县市区 53 所初中学校校长、教师及初三学生的调查问卷数据和中考成绩，采用两层线性回归模型分析发现校际差异可解释学生成绩 22.66%的变异。辛涛等（2012）以 40 所高中的理科生为样本，研究发现学生高考成绩存在校际差异，如果不考虑个人和学校变量影响的情况下，语文、数学、英语三门科目高考成绩的 36.42%、44.67%、50.32%的变异归因于学校间的变异。范美琴和高柳萍（2019）利用江苏省某市 43 所高中的样本，在不考虑中考成绩的情况下，估算得出高考语文、数学和英语成绩差异分别

51.3%、60.1%、61.0%来源于校际差异。边玉芳和林志红（2007）采用浙江金华市 39 所高中学校的样本数据,研究发现确实存在学生成绩的校际差异,理科考生的总分 52%可以归结到学校差异,而文科考生的高考总分有 40%可以归结到学校差异。

如果不考虑学生之前的学习积累,学校间成绩的差异可能更多是由于样本学校本身差距较大。例如一个地区的学校层级非常明显,好的学校能够获取更多财政投入,同时也能获得更好的生源;而差学校所获得的财政投入不足,难以获得好生源。在考虑了学生入口成绩的情况下,学生成绩归因于校际差异的比例会大幅下降,例如辛涛等（2012）在加入学生中考成绩之后,校际差异在高考语文、数学和英语分别下降了 42.93%、45.21%、72.21%。魏易等（2020）采用北京市海淀区高中学校数据估算结果为"学生语文、数学和化学一模成绩差异有 48%、57%和 62%为校际的差异,在考虑了学生的入口成绩之后可以由学校之间的差异解释的部分降低了 17%—18%"。

学生成绩除了在学校之间存在差异外,教师或班级也是导致学生之间成绩差异的关键,学生成绩具有显著的班级间差异或教师间的差异。课堂教学的效果加上其他教师特点的影响,在规模上可以与学生背景相提并论,学生成绩差异分解到教师和自身的比例大致相同。国外相关研究对于教师作用的估计值大约在 10%—30%,例如 Den Brok 等（2004）研究认为学生成绩差异的 7%—15%可以归因于教师之间的差异。Day 等（2006）则认为教师之间的差异可以解释学生成绩差异的 15%—30%。国内研究中,采用同一个市、区的样本,估计出的教师作用大约在 10%—20%。例如张文静等（2010）以北京市房山区 42 所小学为研究对象,结果显示不同教师所教班级的学生数学成绩存在显著差异,小学生数学成绩的 13.04%是由教师层面的因素引起。张咏梅等（2012）以北京市小学三年级学生为样本,研究发现在控制了学生个体特征的情况下,学业成绩差异的 18.1%由教师间差异造成。比较特殊的是采用跨国的大规模数据估算出的教师差异数值非常大,例如白胜南等（2019）采用 TIMSS2015 数据,估计结果显示学生数学成绩的总差异中约有 68.42%的差异是由教师引起。

综上所述,学校之间或教师之间确实存在学生成绩的差异,在不同学科之间这种差异存在区别，学生成绩差异能够分解到学校或教师的比例与研究样本的选择密切相关，同时学校或教师的差异与学生的教育积累也密切相关，如果不采用控制学生入口成绩的增值模型，所估计出的学校或教师差异实际上是高出了非常多。学生学习基础是造成学生成绩差距的主要原因，因此对学校或教师效能进行整体评估时，需要考虑将生源结构进行控制，才能得出更准确的学校或教师效能差异的结果。另外，由于学校的增值在各个科目之间一致性不高，基于学生总分计算增值可能会掩盖各个学科教师效能的差异，可能会引起部分学科教师"搭便车"，因此增值评价需要分科目考虑。

2.3 学校对学生成绩的影响

学校作为教育教学活动的主要载体，其作用的发挥受多重因素影响，学校的生源结构、资源、教育教学过程是构成学校的重要组成部分，其中教育教学过程是学校可自主调节的因素，生源结构和学校资源更多受外部环境影响。分析学校对学生成绩的影响，可以从学校资源和学校氛围两个角度切入，其中学校资源包括硬件资源（图书、办学条件等）、软件资源（师生比、学校制度等）和特殊资源；而学校氛围是在学校内的个体（校长、教师、学生）所感受到的环境支持。

2.3.1 学校资源对学生成绩的影响

学校资源影响学生成绩主要通过两条路径：一是直接影响，即通过不同的学校资源配置直接影响学生平均成绩；二是间接影响，即通过不同的学校资源配置强化或弱化其他因素对学生成绩的影响。非常多的研究验证了硬件资源对提高学生成绩有显著作用。例如，任友群等（2012）研究发现学校发展水平对学生成就会产生影响；胡咏梅和卢珂（2010）研究发现生均图书册数、生均计算机台数等资源投入对学生成绩会产生显著影响，学校办学条件改善与学生总体成绩提高之间存在正相关的关系；赵必华（2013）研究发现学校平均社会经济地位、班级平均人数对学生成绩具有正向影响；杜屏、杨中超（2011）研究发现学校办学条件、师资水平、校长特征等因素对学生成绩影响非常大。因此，胡咏梅和杜育红（2009）呼吁重视人力资源配置，提高物力、财力资源使用效率，缩小学校间办学条件差距，进而提升学校教育质量。但是持相反观点的学者认为学校资源对于学生成绩无济于事，最典型的国外研究是Hanushek（1981、1986、1989、1991、1997、2002、2003）的一系列研究认为学校资源的多少与学生的学业水平之间不存在关系。除了Hanushek以及相关国外研究者的观点外，国内也有一些实证研究发现学校硬件资源对于学生成绩没有显著作用。例如，闫波等（2017）基于PISA2015的中国四省市数据研究发现学校规模、班额、学校硬件资源、科学活动参与指数等对学生科学成绩并没有显著预测作用；侯玉娜和沈爱祥（2014）同样指出学校教育资源质量对学生成绩无显著影响。

学校类型是硬件资源的一种体现，不同学校类型表示学校所能获取的资源或者所处的经济社会地位存在差异，通过学校类型也可大致判断学校整体水平的优劣。冯帅章和陈媛媛（2012）在控制家庭和学生个人因素的前提下研究发现在民工子弟学校就读和在公办学校就读的流动儿童之间存在较大的成绩差距，学校类型对于成绩较差的学生影响更大；王骏等（2017）发现重点高中相对于普通高中能够显著提高学生的学业成绩[80]。张咏梅等（2012）采用北京义务教育数据研究发现学校地域对五年级学业成绩影响显著，但对八年级学生的成绩影响不显著。

学校软件资源对于学生成绩的影响主要集中在班级规模、学校制度等方面。其中班级规模（师生比）是学校软件资源投入的一种表现。在普遍印象中"小班"或较低的生师比会有利于学生成绩的提升。也有研究发现生师比与学生学业成绩之间无明确关系，但教师短缺会对学生的学业产生负面影响。张咏梅等（2012）发现学校规模对八年级学生的成绩影响不明显。学校的教师激励、学校制度往往与学生成绩间接相关，当前研究虽然有一些探索，但是并没有明确中间的机制。例如，薛海平和王蓉（2013、2016）指出教师绩效奖金对学生成绩有显著正影响，教师集体绩效奖金对学生成绩影响大于个人绩效奖金。薛海平和闵维方等（2008、2013）认为家庭和学校在学生培养过程中存在联合生产机制，教育管理制度对学生成绩有重要影响，竞争制度、问责制度、分权制度均通过学校和教师中介变量对学生成绩产生了间接显著影响。

校长是学校的一种特殊资源，校长对学校效能的影响体现在领导力和个人特征等方面。校长领导力与学生成绩有间接关系，卓越的校长可以为教师创造一个更有利于提高学生成绩的环境和条件。校长的教学领导可以支持教师共同努力以改善教学，而校长的领导力和教师合作可以通过加强集体效能信念来提高学校效能，学校之间的成绩差异可以通过集体效能信念直接预测，也可以通过教学领导和教师合作间接预测，强大的教学领导能力可以通过加强组织信仰体系的方式来建立促进教师工作的结构，并且这些因素可以促进学生的学习。

综上所述，本研究根据实际数据可获取情况，选取了学校类别作为学校硬件资源的代理变量，选取社会关注度作为软件资源的代理变量，分析不同的学校资源对于学生成绩的影响。

2.3.2　学校支持对学生成绩的影响

Thapa 等（2013）将学校氛围总结为 5 个基本方面：安全性、人际关系、教与学、机构环境、学校改善过程。详细而言，安全性指规则和规范、人身安全、社会情感安全等；人际关系指学校参与、社会支持、领导能力以及学生的种族和他们对学校气候的看法；教与学指用于学术学习、支持专业关系的学校气氛；机构环境指周围的自然环境等。

广泛的实证研究表明积极的学校氛围会对学生和教师产生有益的影响，增进学生和社会的福祉，学校的氛围可以预测学生的学业、行为和心理状况，学校气氛的积极特征与学生成绩之间存在联系。学校氛围的评价主体包括校长、教师和学生，不同的评价主体基于自己的感知可能对同一所学校的氛围有不同的评价。例如武向荣和银艳琳（2019）对深圳市初中教师的调查研究，发现当反馈主体为学校管理团队成员时大部分学校拥有良好的评价文化氛围，八成以上教师认为"校内最好的教师获得最高的认可"。让教师在教学活动中有更多的参与决策权，对教育绩效改进能够发挥积极作用。

学校支持一般通过校长问卷，采取校长评价的方式获取。当然也可通过教师问卷、学生问卷获取不同群体的学校氛围评价。如果将教师评价作为学校氛围的判断标准，教师的满意度、自我效能感、职业发展评价、职业认同感、倦怠感、离职等与学校氛围息息相关。相关研究表明，积极的教师工作满意度会对老师、学校和学生产生积极影响；教师的自我效能感与学生成绩之间的关系适度；倦怠的概念是长期职业压力引起的，所有教师的工作都可能会感到压力，倦怠的疲惫程度预示了教师离开该专业的意图；学校更大的自治性会导致教师更满意，但是可能教师更容易离职。

综上所述，本研究根据实际数据可获取情况，通过教师问卷获得了教师评价的学校支持程度，作为学校氛围评价的代理变量，所涉及的教师对于学校支持评价包括未来发展机会、职业认同感、倦怠感。教师感受到的学校支持也是重要的学校特征之一。

2.4 教师对学生成绩的影响

在教育投入中教师是最关键的一部分，学校的财政支出中教师薪酬福利所占比例普遍较大，因此普遍认为教师是影响学生学业成绩的重要因素之一，改善教师质量会对学生的学习结果产生较大的影响。教师作为直接给学生传授课堂知识和培养学生素质的主体，其入职前的个人内容知识和教学法积累、入职后的专业发展、课堂教学活动均可能与学生成绩产生密切的关系。国内相关的政策也关注到教师课堂教学对于学生学习的重要性，例如《关于新时代推进普通高中育人方式改革的指导意见》指出："积极探索基于情境、问题导向的互动式、启发式、探究式、体验式等课堂教学，注重加强课题研究、项目设计、研究性学习等跨学科综合性教学，认真开展验证性实验和探究性实验教学。"[①] 因此，有必要在教师层面关注教师特征、教学活动、教师发展等因素对于学生成绩的影响。

---

① 国务院办公厅关于新时代推进普通高中育人方式改革的指导意见. http://www.gov.cn/zhengce/content/2019-06/19/content_5401568.htm.

2.4.1 教师特征变量对学生成绩的影响

教师特征变量大部分是固定属性（如性别）或个人不容易改变的属性（如教龄、职称等）。国内有关教师对学生成绩影响的研究，大部分是研究教师特征变量对于学生成绩的影响，因此国内在教师特征变量对学生成绩影响方面有比较丰富的实证研究。

在教师特征变量中最受关注的因素是教师的性别，国内大部分研究的结论是在中小学阶段女教师相对于男教师更有利于学生成绩获得更好的成绩。例如，王云峰和田一（2015）采用小学语文和数学的数据，研究发现教师性别对五年级语文、数学两个科目的学习成绩有显著影响，女教师所教学生学习成绩高于男教师所教学生。张咏梅等（2012）采用北京市小学三年级数学测验数据，发现教师的性别能够对班级学业成绩产生显著影响，女教师所教班级学生学业成绩显著高于男教师所教班级。白胜南等（2019）采用 TIMSS 2015 数学成绩的数据，同样发现女教师比男教师所教授班级的学生数学成绩更好。当然也有不同结论，例如黄慧静和辛涛（2007）采用 TIMSS 2003 数学成绩数据研究发现教师的性别对学生成绩不存在显著的影响。

教龄是另外一个值得关注的因素，一般认为教龄较长的教师拥有更丰富的教学经验，能够在备课、教学和课堂管理上节省很多精力，进而能够有更多时间思考教学的改进。但是也存在一种可能，丰富的经验会导致教师偷懒，进而带来人力资本的贬值。因此，教龄能够起到的作用在于上述两种因素的互相作用。已有研究大部分表明教龄是解释学生成绩的一个积极因素。例如，白胜南等（2019）发现教龄长的教师所教授班级的学生数学成绩会更好。张咏梅等（2012）研究发现具有 10 年以上教龄的教师所教班级成绩高于 10 年以下教龄的教师所教班级。Rockoff（2004）研究发现教学经验显著提高了学生的考试成绩，尤其是在阅读科目领域，初级教师与具有十年或十年以上经验的教师之间，学生阅读考试分数平均差异约 0.17 个标准差。

获得某项学历、资格证书、职称职务是教师能力的一种外在体现，大部分研究认为通过某项国家资格认证或者获得某项证书能够有利于学生成绩的进步。张咏梅等（2012）研究发现，数学专业毕业的教师所教班级成绩高于非数学专业毕业的教师所教班级成绩。孔云（2011）通过案例分析发现，优秀教师比普通教师对学生的期待值高，而高期待有利于提高班级学生整体学习成绩。白胜南等（2019）研究发现，教师的学历越高，所教授班级的学生数学成绩也会越好；就读于非数学专业的教师所教授班级的学生数学成绩比数学专业的教师高。王顾学和汪栋（2019）研究发现，教师学历对学生成绩有显著正向影响，同时师范院校毕业的教师所教学生成绩高于非师范院校毕业教师。胡咏梅和卢珂（2010）研究发现任职资格、是否骨干教师等资源投入对学生学业成绩产生显著影响。李勉等（2018）研究发现教师的学历和专业对学生成绩有积极影响。Goldhaber 和 Brewer（2000）分析了 12 年级学生的数据集发现，具有数学课程工作专业和高级数学学位的教师比没有此类证书的教师，更能提高学生的学习成绩；拥有标准认证的教师相对于持有私立学校认证或未通过其学科领域认证的教师，对学生考试成绩具有统计学显著的积极影响。Clotfelter 等（2007）的研究指出，教师的经历、考试成绩和常规证书对学生的学习成绩都有积极的影响，对数学的影响要大于对阅读的影响。Goldhaber（2007）研究表明全美专业教学标准委员会（National Board for Professional Teaching Standards，NBPTS）可以确定更有效的教师申请人，而且与从未申请过该计划的教师相比，NBPTS 认证的教师通常更有效。

当然也有与上述研究不一致的结论值得关注，例如黄慧静和辛涛（2007）研究发现教师的教育水平、所学专业和教师资格对学生成绩没有显著影响。Harris 和 Sass（2009）指出只有在少数几个单独的案例中，NBPTS 认证才能为教师对学生的成就做出积极贡献，获得 NBPTS 认证的过程不会提高教师的工作效率。Ramírez（2006）使用 TIMSSTIMSS 1998/99 中智利的数据发现教师资格与学生成绩无关，智利的所有教师都具有基本相同的资格水平，即具有教师培训证书的大学学士学位。

综上所述，大部分"好"的教师特征变量在不同实证研究中表现出对学生成绩的促进作用。分析教师的特征背景对于学生成绩的影响，有利于学校在未来的招聘过程中统筹规划。同时，教师的部分特征变量代表了教师的能力，探究教师背景特征对学生成绩的影响，也可以说明学校或管理部门能否识别高效率和低效率的教师,如果拥有更高学位、更高职称、获得更多奖项的教师对学生成绩有提高作用,那么说明当前对教师的管理体制可以在一定程度上识别有效教师。部分已有研究也表明校长可以区分高效率和低效率的教。即使校长没有测验和增值信息,校长的正常评价与教师的增值高度相关,但是校长很难在高风险环境中实际应用这些评价。

2.4.2 教师职前准备对学生成绩的影响

"不让一个孩子掉队"(No Child Left Behind)法案提出让每一个学生都可以拥有高素质教师。美国政府在教师的职业准备和职业发展方面投入大量资金,以期提高教师的职前准备,凸显出教师职前准备的重要性。学校一般希望吸引到具备教师素质的优秀的人才进入学校,教师职前准备与教师特征变量中的学历、是否师范生等密切相关。Shulman(1986)将教师知识归纳为三个核心方面:内容知识(Content Knowledge)、教学内容知识(Pedagogical Content Knowledge)和一般教学知识(Curricular Knowledge)。在本研究中,将职前准备划分为进入教师岗位的内容知识和教学内容知识。通过完善教师职前培养模式,可以提高聘用教师的质量,促进学生学业成绩进步和学校可持续发展。不同国家在教师职前准备部分所关注的角度不同,朱小虎和张民选(2017)对比发现芬兰在职前教育方面优势明显,通过严格的选拔提高教师的专业水平;中国上海则在入职培训等方面投入巨大,通过规范培训提升教师的专业水平。

一般认为教师的准备工作是学生成绩的重要预测指标。Ramírez(2006)研究智利教师发现,准备充分的教师更有可能拥有自己的数学课程的学校工作,这些老师也更有可能在课堂上讲更多的数学内容。但是,黄慧静和辛涛(2007)通过比较美国、瑞典、日本和中国香港四地的教师因素对学生数学成绩的影响,研究发现教师的教学准备预测力并不乐观,对美国、日本和中国香港三地的学生均无显著影响。

进入教师岗位的内容知识主要指在教师在高等教育阶段所接受的学

科知识教育,但是由于高等教育阶段的学科知识并不会直接应用在中小学教学之中,因此教师内容知识是否有利于学生成绩提高并无定论。例如刘晓婷等(2016)采用义务教育阶段小学四年级学生的数学成绩,在控制了教师人口学变量的前提下,教师数学知识的储备与学生成绩呈显著性正相关。Monk(1994)利用美国青年纵向调查中获得的数据研究表明,老师对其所学内容的了解程度对学生的学习成绩有积极影响。Rowan 等(1997)分析表明,教师的学科知识和期望动机直接影响学生的数学成绩,这些影响的大小取决于学校学生的平均能力水平。Hill 等(2015)研究探讨了教师的数学教学知识是否以及如何促进学生数学成绩的提高,在控制了关键的学生和教师水平的协变量之后,无论是一年级还是三年级,教师的数学知识都与学生的学习成绩显著相关。但是,李琼和倪玉菁(2006)研究发现,教师的学科知识对学生数学成绩的影响未达到显著性水平。Eberts 和 Stone(1984)研究发现大学水平的数学教育课程与四年级学生的考试成绩之间没有关系。另外,教学内容知识是影响学生学习增益和动机发展的教学质量的重要决定因素。Baumert 等(2010)探讨了教师内容知识和教学内容知识对于中学数学高质量教学和学生进步的重要性,该研究以 10 年级班级及其数学老师的代表样本为例,证实了这些形式的特定教师专业知识与高质量教学和学生学习的相关性。

关于教师内容知识影响学生成绩的机制,Kersting 等(2012)为了更好地了解数学老师的知识如何影响学生的学习,使用真实的课堂活动的视频剪辑作为提示来进行教师分析,发现教师知识对学生学习的影响是由教学质量作为中介。

2.4.3 教师教学行为对学生成绩的影响

教师的教学行为主要通过课堂活动展现,是教师传授学生知识和能力的主要载体。当前我国的课堂教学方法大多数依旧采用较为传统的方法,即以教师为中心的教师主导讲授法。在以传统课堂教学为大多数的情况下,个性化教学风格有利于学生学习成绩的进步。Reynolds 等(2014)

总结了教师在课堂上近 60 种不同的行为，涉及他们的课堂管理、行为管理、直接教学的质量、教学互动性、对个人复习和练习的重视、教学方法的变化、教学方法的使用以及在课堂上创造的课堂氛围，发现只有一小部分课堂行为与学生的成绩相关，教师的学科知识和自我效能感能够鼓励教师采用更有效的教学方法、改善教学质量对于学生成绩很重要。因此，在本研究中，教师教学行为包括课堂教学行为和教师自我效能感两部分。

课堂教学行为包括教师在课堂教学过程中的课堂组织和认知激活，一般认为课堂教学行为是直接影响学生成绩的关键环节。例如黄慧静和辛涛（2007）采用 TIMSS 2003 数据研究发现教师对作业的重视、对考试的重视、对推理和问题解决的重视、先进设备使用能够提高部分地区学生的数学成绩。白胜南等（2019）研究发现，多媒体使用的频率越高，越有助于本班级学生数学成绩的提升，课堂讨论次数越高，教学效果反而不好。李琼和倪玉菁（2006）研究发现教师的学科教学知识、课堂学习任务的认知水平、课堂对话中教师提问问题的类型与对话的权威来源对学生的数学成绩具有显著的预测作用。郑太年等（2013）研究发现，课程、教学资源、教师的计算机应用、讲授教学法、讨论教学法对于数学成绩和问题解决能力的影响总体上显著，但对不同城市而言存在异质。闫波等（2017）基于 PISA 2015 数据研究发现课堂纪律氛围、教学方式等因素对学生学习影响较大。另外，也有研究显示，教学的清晰性对学生成绩很重要，清晰而全面使教学目标和学习目标能够将新旧主题联系在一起，为学生提供服务并在课程结束时进行总结。

除了课堂组织之外，认知激活任务可能会通过挑战学生的信念来利用他们的先验知识，如果教师不只是简单地宣布学生的答案是"正确"或"错误"，而是鼓励学生评估自己的解决方案的有效性或尝试多种解决方案的途径，可能会激发认知的激活。通过认知激活任务教师可以获得学生反馈，进而通过多种方式来帮助学生缩小实际表现与期望达到的目标之间的差距，其中包括提供适当的挑战性和特定目标，特定目标比一般目标或非特定目标更有效，因为它们可以集中学生的注意力，并且反馈可以更具针对性。创新的家庭作业是课堂教学方式认知激活的一种方式，家庭作业似乎提供了丰富的学习信息来源。学生花在功课上的时间可以作为学业成就的重要预测指标。

教师自我效能感是指教师认为自己具有某些能力的信念，即教师在课堂教学过程中某些行为的信念程度。教师的自我效能感可以被概念化为个体教师对自己计划，组织和开展为实现既定教育目标所必需的活动的能力的信念。Bandura（1993）认为，教师对个人动机的信念能够激发和促进学习，从而影响他们创造的学习环境的类型和学生所取得的学术进步水平。现有研究大多证实教师的效能感、教学风格和教师的支持能够有效促进学生成绩的进步。许延生（2018）研究发现，教师效能感与学生成绩之间存在正相关性，高效能教师所教的学生在校表现和学习成绩普遍高于其他班级的学生。贺雯等（2014）研究发现教师教学风格能够影响学生学习兴趣与学业成绩，对教学风格进行干预后，学生对各科的学习兴趣都有提高，部分学科的成绩也有明显提高。李维和白颖颖（2018）利用义务教育阶段初二年级学生数据研究发现学生感知的教师支持对其学业成绩影响有间接作用。

但是教师自我效能感内涵比较丰富，需要进一步细化并分类分析。Tschannen-Moran 和 Woolfolk Hoy 提出了一个教师自我效能感的多维框架，框架区分教师自我效能感的三个核心因素：课堂管理、学生参与、教学策略。其中课堂管理效能感是指教师对他们建立有序能力的信念学习环境，从而有效地管理学生行为。课堂管理通常被描述为教师为确保秩序有序而采取的行动，对自己的能力充满信心的老师会花更多的时间在教学上，而花更少的时间在纪律上。课堂管理是促成学生学习和学生成绩的有力预测指标，研究表明有利的课堂氛围、积极的课堂管理、目标明确和组织良好的课程结构、教师支持、让学生参与作业和活动、积极的行为管理与学生成就有密切关系。陈纯槿（2017）基于 TALIS 数据研究发现，在上海，教师教学效能感最高的是让学生遵守课堂规则，最低的则是激发学生批判性思考。

学生参与更多强调以学生为中心的学习方式，是目前一种提倡的教学方式，但是实证研究表明教师主导的教学方式能显著正向预测学生的成绩、学习信念和职业期望。同时，Kyriakides 等（2013）指出如果没有有效的教师指导和课堂教学，就无法实现学习，当涉及教学及其影响因素时，在不同的教学方法之间施加不必要的二分法可能会适得其反，考虑教师和学生在上课过程中到底做了什么以及他们如何互动才是更有效率的方式。

教学策略也可称为多元教学策略，是以满足学生的需求为主要目标的教师自我效能感。在多元教学策略方面效能感更高的教师更愿意学习并尝试新的方法和策略来满足学生的需求，他们不断寻找帮助学生克服学习问题的方法。

综上所述，现有研究普遍认可教师教学实践活动作为教师直接与学生接触的行为，是能够对学生成绩产生直接影响的因素。

2.4.4 教师专业发展对学生成绩的影响

教师专业发展的实证研究主要关注的是参与专业发展活动的教师知识、技能、观念等方面的变化，较少有实证研究关注教师专业发展对学生成绩的影响，以及经过专业发展培训的教师在课堂中是否真的实施了探究教学及实施效果如何。在教师参与专业发展活动的影响因素方面，有研究发现个人层次的教师自我意识和组织层次的学校支持氛围正向影响教师专业发展，教师自我意识较强同时处于一个学校支持教师专业发展活动的氛围有利于专业发展活动的参与。与工作时间冲突、项目或课程过于昂贵是限制部分教师参与教师专业发展活动的主要因素，有些教师专业发展活动无法有效支持教师实践和学生学习。活动的形式（例如研讨会与学习小组）、同一学校、年级或学科的教师的集体参与及活动的持续时间会显著影响教师的发展。叶颖和徐瑾劼（2015）基于 TALIS 的结果，将阻碍教师参与专业发展的原因分为 4 类：没有合适项目、与工作时间冲突、费用高、缺少雇主支持等其他原因。陈纯槿（2017）研究发现教师性别、教龄、学历、专业发展需求对参与专业发展均有显著影响，教师合作文化是影响有效性的最主要因素。不同国家在教师专业发展方面侧重点和财政投入不同，朱小虎和张民选（2019）分析 TALIS 数据表明，上海教师在专业发展方面非常重视传统的主题和内容领域，包括学科知识和理解等，上海在教师专业发展方面的投入和支持远远超出其他国家平均水平。

本研究关注的教师专业发展活动主要包括 3 类：（1）各类正式的、

结构化的讲座、培训课、研讨课、学术会议；(2)教师个人之间、群体和各类社团的非正式的交流和学习活动；(3)与教学工作直接相关、嵌入日常的教学过程的活动以及教师作为研究者的专业发展活动。有效的教师专业发展应是一个持续的过程，需要合作、多样化的活动形式和持续的反馈，并且应嵌入教师的日常教学实践。

大部分研究表明教师专业发展与学生学业成就呈正相关。萨丽·托马斯等（2015）基于中国东西部三个地级市普通高中毕业生学业成绩、学生问卷数据、教师问卷和学校问卷数据，结合访谈数据研究发现，教师专业发展因素和学生学习成绩之间具有正向相关性，该研究的教师专业发展因素包括参加进修课程及专题讨论会、参加教育会议和研讨会、参加学历提高课程、参加教师专业发展专属网络、个人或与他人合作的研究课题、学校安排的同事间的指导及观课或辅导、专业文献（如期刊、研究性文章、论文）的研读、同事间非正式的有关如何改进教学的交流、课题研究、论文撰写、教研组、学科组、年级组的活动。白胜南等（2019）研究发现，教师参加数学知识培训和数学教育培训会对课堂教学有正向作用，从而使得所教授学生平均数学成绩更高。胡咏梅和卢珂（2010）研究发现，教师培训项目干预与学生总体成绩提高之间存在正相关关系。任友群等（2012）研究发现，教师专业实践对学生学业成绩有显著影响。周颖和杨天池（2019）采用2013—2014学年中国教育追踪调查数据，研究发现农村教师教育培训可以显著提高学生成绩，并且对学生成绩的影响存在一定程度的性别、年级和学校排名的异质性。但是也有部分研究认为教师专业发展与学生学业成就没有显著关系，例如张文静等人（2010）以房山小学四年级学生数学教师为研究对象研究发现，与教师培训相关的变量与学生学业成绩的增长几乎没有显著关系。李勉等（2018）研究发现教师所参与的专业发展活动与学生成绩之间无显著关系。

国际比较研究显示教师发展对于学生成绩的作用在不同国家之间存在异质性。谢敏等（2008）采用TIMSS2003数据，比较了中国香港、日本、瑞典和美国四地的教师资格因素和职业发展因素对其学生数学学业成绩的影响，结果显示中国香港教师常有其他教师听课因而提高了学生成绩；瑞典教师参加数学教学方法方面的职业发展活动以及美国教师听其他教师讲课显著影响其学生成绩；日本教师职业发展因素对其学生成绩没有影响。

教师学习共同体是一种基于合作的教师专业发展形式，一般认为教师的学习共同体可以在支持教师反思中发挥作用，有利于学生成绩的提高。在我国，教师学习共同体主要有集体备课以及教研室、教研组等形式，不仅在提升教学质量和教师专业发展中作用重大，也承担着一部分教学管理和教师管理的工作。在我国，尤其是教研组制度作为中国特色的专业学习共同体，成为职后教师专业发展的有效途径。陈纯槿（2017）认为教师专业协作对教师工作满意度有极其显著的正向影响。Erickson等（2005）总结了增强有效学习项目和学习策略小组两个合作项目，发现合作项目能够产生"实践"或"工艺知识"和"形式知识"，其中"实践"或"工艺知识"指的是通过不断反思实践环境而获得的理解；"形式知识"包括有关流程性质和从这些协作项目中产生的产品的公开声明的类型。赵健等（2013）研究发现在不考虑其他因素的情况下，教师集体备课对学生学业成绩有正向显著影响。

关于教师专业发展如何影响学生成绩，Yoon和Duncan（2007）的研究指出，教师的专业发展首先提高教师相关的知识技能，其次是提高教师课堂教学实践，最后才能提高学生成绩。Desimone（2009）提出了一个基本框架，概括了教师专业发展的关键特征、教师知识和理念、课堂实践与学生成绩之间的相互影响的关系：教师会经历有效的专业发展；专业发展增加了教师的知识和技能，或改变了他们的态度和信念；教师利用他们的新知识和技能、态度和信念来改善教学内容或教学方法；教学上的改变促进了学生的学习。专业发展活动的3个核心特征对教师的知识和技能增长以及课堂实践的改变具有显著的积极影响：专注于内容知识、积极学习的机会、与其他学习活动的连贯性。

2.5 理论和文献小结

通过本章关于理论和文献的梳理，可以清楚地看到本研究的理论和文献来源于两个研究领域。其中一个研究领域是教育经济学，主要是从事经济学研究的学者活跃于该领域，分析的理论基础来源于教育生产函数。该领域因为具有实证分析的工具，因此研究成果丰富，同时能够得出一些明确的结论。虽然这些结果不一致，甚至可能相反，但是基于数据和实证方法的研究更容易证明或证伪，互相之间的讨论也非常激烈。

另外一个领域来源于教师教育研究，主要是教育学研究者活跃于此领域，采用的研究方法更多是课堂观察、总结归纳、案例研究、质性研究等，该领域的研究非常丰富，并且切入角度较多，对于学校和教师的教育过程各个环节已经非常细致探讨，但是由于数据样本太小、实证方法应用较少，该领域的研究结论也存在非常多的不一致。

本研究希望将两个领域进行一定的结合，对教师教育研究中提出的有效学校和教师的因素，采用教育经济学的研究方法和研究范式进行验证，从目前已有的文献来看，这应当是一项非常有意义的工作。另外，在梳理理论和文献的过程中可以发现还有一些研究沉浸在"造轮子"，发明更多新的评价方法，但是考虑到其意义有限，在本研究中不再过多提及。

当前关于教师与学校有效性的研究主要的缺点在于缺乏系统性和可验证性。日渐兴起的教师相关国际调查项目正在解决缺乏系统性的问题，部分研究采用多层线性模型等实证方法也试图解决研究结果的可验证性，但是也可发现国内相关研究并不丰富，作为教育研究的一个重点和热点领域，值得进一步挖掘和研究。同时，必须认识到学校有效性和教师有效性的研究，其结论有一定的地域性，在美国、英国、荷兰的情境下，都有类似的研究，但是这些研究的结论并不能直接移植到中国情景下，其他国家的研究结论直接用于中国的教育政策改革可能存在本质的错误。

第三章 研究设计

3.1 核心概念及其界定

本研究涉及的核心概念主要包括学校增值、教师增值、职前准备、教学实践、教师专业发展、学校支持等。下文将依次对这些核心概念进行解释和界定。

学校增值是指在控制学生背景等外部因素的条件下，与其他条件类似学校相比所达到目标的程度，学校增值评价是对学校工作绩效"净影响"的评价。在本研究中学校增值采用增值性评价模型进行估计。

教师增值是指在控制学生背景等外部因素的条件下，与其他条件类似教师相比，该教师所达到目标的程度，教师增值评价是对教师工作绩效"净影响"的评价。在本研究中教师增值采用增值性评价模型进行估计。

职前准备是指教师在进入岗位之前，所经历的专业师范教育或高等教育，在专业师范教育或高等教育的过程中，教师会学习到日后任教的学科知识、教学法、学生管理等职业所需的技能。除了正规化的师范教育或高等教育，也包括进入教师职业前自主学习的教师职业所需技能。教师职前准备是进入教师职业的必要阶段。在本研究中采用自我报告量表对教师职前准备进行测量，并通过探索性因子分析的方法，将职前准备划分为内容知识和教学知识两类。

教学实践是指教师在教学过程中的实践性行为。教师的教学过程主要发生在课堂之上，在课堂上教师通过教学行为传授学生知识和能力，进而完成教学目标。因此，本研究认为教学实践包括课堂教学行为和教师教学过程中感受到的自我效能（简称"自我效能感"）两部分。其中课堂教学行为主要指课堂教学过程中教师如何传授教学内容；教师教学相关的自我效能主要指教师在教学中对于学生参与、课堂管理、多元教学策略的自信程度。在本研究中采用自我报告量表分别对课堂教学行为和自我效能感进行测量，并通过探索性因子分析的方法，将课堂教学行为划分为课堂组织和认知激活两类；将自我效能感划分为学生参与、课堂管理、多元教学策略三类。

教师专业发展是包括性情、技能、知识、动机和资源等的一种集合能力的发展，是学校、教学、教师能力带来积极变化的共同行动，[84] 教师有效专业发展具备情境特征、内容特征和过程特征，任何一个维度被忽视或出现问题，都会影响专业发展的效果。有效教师专业发展的基本特征可总结为内容的聚焦性、学习的自主性、与教学实际需求的一致性和时间持续性。已有研究关注的教师专业发展包括各类正式的和结构化的讲座、培训课、研讨课、学术会议，包括教师个人之间、群体和各类社团的非正式的交流和学习活动，也包括与教学工作直接相关、嵌入日常的教学过程的活动以及教师作为研究者的专业发展活动。Darling-Hammond 等（2017）将有效专业发展定义为结构化的专业学习，这种学习会导致教师知识和实践的改变以及学生学习成果的改善，教师有效专业发展是外部提供及工作嵌入活动的产物，这些活动可以增加教师的知识并帮助教师改变教学方式以支持学生学习。因此，教师发展可以通过多种方式进行，在形式上既可以是正式的也可以是非正式的。[147] 本研究中的教师发展指四项有效教师发展活动和教师学习共同体。根据有效的教师专业发展活动要素，四项有效教师发展活动分别是"聚焦课程内容""融入主动学习""使用有效的示范及模范""专家指导和支持"。在本研究中采用自我报告量表分别对四项有效教师发展活动和教师学习共同体进行测量，并通过验证性因子分析的方法对两个量表进行了适用性验证。

学校支持是指学校给予教师的职业、心理等支持，学校作为一个组织单位必然有课程管理、团队合作、职称职级晋升等多种活动形式。在课堂活动中，教师或学生是主体，在课堂之外，教师是被学校管理的对象，不同学校的管理方式和氛围会对教师产生不一样的影响。因此，教师的认同感、倦怠感等是学校支持程度的重要表现。本研究的学校支持包括教师未来发展机会、职业认同感、职业倦怠感三个二级指标。在本研究中采用自我报告量表分别对教师未来发展机会、职业认同感、职业倦怠感进行测量,并通过验证性因子分析的方法对三个量表进行了适用性验证。

3.2 研究框架设计

3.2.1 TALIS 2018 研究框架分析

本研究在充分分析全球知名的 TALIS 项目基础上设计研究框架。图 3.1 是 TALIS 2018 所使用的主题概念图,所有主题嵌入在层面(行为主体)和聚焦(主题)两个维度中。层面维度将行为主体划分为教师和机构两个层面,其中机构指学校或学校所属的行政系统,聚焦维度包括专业特征与教学实践。

将该概念图看作 2×2 的象限图,其中左上象限机构的专业特征主要是指教师人力资源,关注的是制度层面的教师身份(招聘、奖励和稳定性等)。左下象限教师的专业特征包括教师的受教育背景、教师工作满意度和动机、教学交流互动反馈和教师发展、教师自我效能,这些是与学生学习成果相关的教师特征,涵盖了构成"教师质量"的主要因素。右上象限机构的教学实践包括学校氛围和校长领导力,主要关注学校对教与学的影响。右下象限教师的教学实践包括教师专业实践和教师教学实践,是教学法的核心,与教学质量的核心特征类似,包含教师用于预判学生学习动机和成绩的各种实践(如认知激活、教学清晰度和课堂管理等)。

在右上象限和右下象限之间,创新、公平和多元主题跨越了教师和制度层面,因为创新、公平和多元既可体现在教师的教学实践里,也可体现在学校的氛围之中。

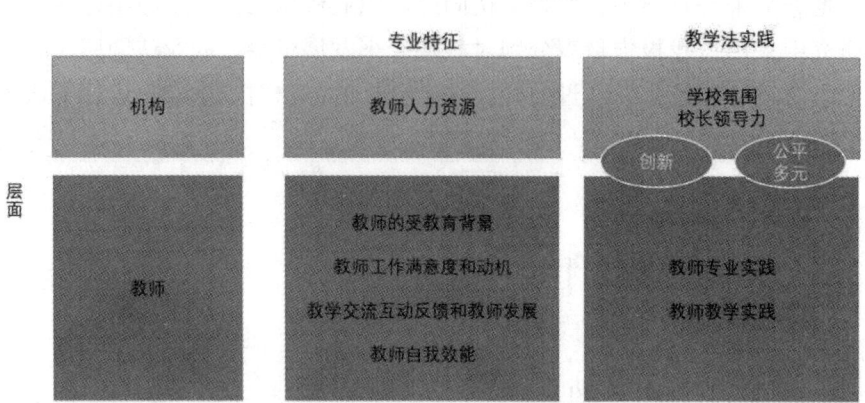

图 3.1　TALIS 2018 主题概念图[①]

总结图 3.1 可以发现，TALIS 2018 主要聚焦五大主题：有效的学校政策、教师的在职培训、教师的课堂教学、吸引优秀人才进入教师队伍、教师队伍的稳定性。图 3.2 是 TALIS 2018 主题概念与政策领域对应图，四个象限内容与 TALIS 的五个政策领域是相对应的。左上象限是教师劳动力特征，教师人力资源和利益相关者关系与教师吸引力和留任的政策相关。左下象限是教师特征属性，教师质量方面的四个主题与教师特征属性相关。右上象限学校环境氛围和校长领导力与学校效率相关。右下象限教师的教学实践和专业实践与有效教学对应。

综上而言，TALIS 2018 的概念框架和政策领域非常全面地列举了机构（学校）和教师层面值得关注和研究的问题，并将研究问题与当前的教育政策进行了合理的链接，对于阐述研究学校和教师的意义具有非常大的价值和借鉴意义。但是 TALIS 2018 的概念框架和政策领域对应图并没有列明学校和教师对学生成绩发挥作用的具体路径，因此本研究需要基于 TALIS 2018 的概念图和政策领域对应图提出研究框架图。

---

① Ainley J., R. Carstens. Teaching and Learning International Survey (TALIS) 2018 Conceptual Framework[M]. OECD Education Working Papers, Paris: OECD Publishing, 2018: 29.

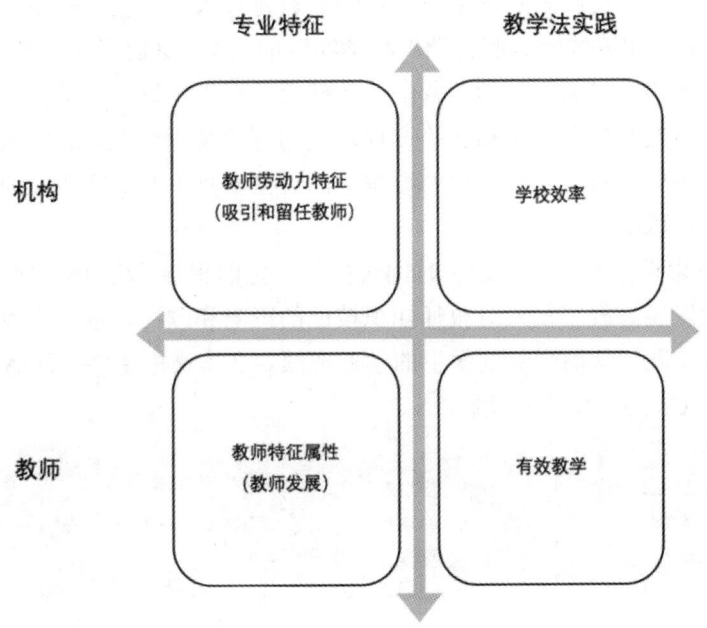

图 3.2　TALIS 2018 主题概念与政策领域对应图[①]

3.2.2　本研究分析框架

在梳理 TALIS 2018 概念图和政策对应图的基础上，根据本研究的实际情况，并参考魏易（2020）的相关研究，绘制了概念框架，如图 3.3 所示。该框架以教育生产函数为结构基础，分为教育投入、学校过程和教育产出三部分。其中教育投入主要包括教师职前准备、教师专业发展（有效专业发展活动、学习共同体）。本研究的教育产出只包括学生成绩一项。学校过程是联结教育投入和教育产出的关键环节，主要指教师教育学生的过程，教育投入可以通过 3 条学校过程路径影响教育产出：（1）教育投入直接影响教师知识技能的增长，进而教师的知识技能影响学生成绩；（2）教育投入直接影响教师教学实践（课堂行为、自我效能感），

---

① Ainley J., R. Carstens. Teaching and Learning International Survey (TALIS) 2018 Conceptual Framework[M]. OECD Education Working Papers, Paris: OECD Publishing, 2018: 31.

进而教师的教学实践影响学生成绩;(3)教育投入影响教师知识技能的增长,教师的知识技能的增长带来教学实践的改变,进而影响学生成绩。概念图整体的背景表示环境及背景,包括教师和学生特征、学校环境等因素。上述教育投入产出和学校过程均受到环境及背景因素的影响,例如学校氛围环境对学生有重要的影响,而这些影响主要是间接地通过教师和课堂得以实现。

该概念框架对研究计划和时间线提供一定的指导,从教师的职前准备、专业发展等教育投入对教师知识技能的影响和改变,进一步改变教师的教学实践,从而影响到学生的学业成绩。在本文中主要关注 A、B、C1、C2、C3 的直接或间接影响。

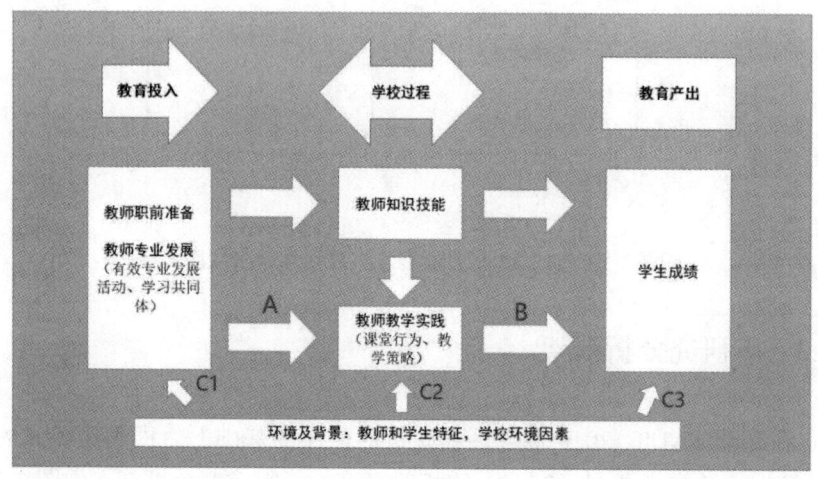

图 3.3　本研究的概念框架

在图 3.3 的概念框架基础上,基于本研究的数据,绘制了实证分析框架,如图 3.4 所示。选取教师教学实践(课堂行为、自我效能感)作为学校过程的代理变量,研究教育投入对于产出的直接或间接影响。图中的 H1—H7 是学校和教师影响学生成绩的影响路径,H8 是教师层面不同行为之间的影响。其中 H1 和 H2 分别是学校和教师对于学生成绩影响的总体效应;H3 是教师特征变量对于学生成绩影响的直接效应;H4 是教师成长行为对于学生成绩影响的直接效应;H5 是教师教学实践对于学生成绩影响的直接效应;H6 是教师感受到的学校支持对于学生成绩影响的直接效应；H7 是将教学实践作为教师成长行为与学生成绩之间中介变量的间接影响；H8 是教师层面教师成长行为对于教师教学实践的影响。

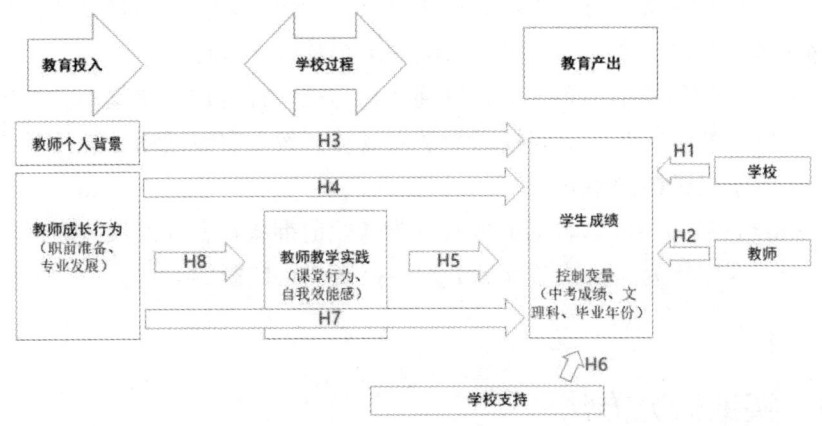

图 3.4　本研究的实证分析框架

3.3　研究假设

根据 TALIS2018 研究框架和政策主题、本研究的概念框架和实证分析框架，可以提出以下研究假设（H1—H8 如图 3.4 所示）：

H1：学校对学生成绩存在整体性的影响，不同学校之间存在增值效果的差异。

H2：教师对学生成绩存在整体性的影响，不同教师之间存在增值效果的差异。

H3：教师的特征变量会对学生成绩造成影响，具体而言，教师性别、学历、职称、获奖、教龄等会显著影响所教学生的学习成绩；不同学科教师之间产生影响的个人特征因素存在差异。

H4：教师的成长行为（职前准备、专业发展）会对学生成绩产生显著正向影响，在不同科目之间教师成长行为对于学生成绩的影响具有一致性。

H5：教师的教学实践（课堂行为、自我效能感）会对学生成绩产生显著正向影响，在不同科目之间教师教学实践对于学生成绩的影响具有一致性。

H6：学校支持会对学生成绩产生显著正向影响，在不同科目之间教师感受到的学校支持会对于学生成绩的影响具有一致性。

H7：教师的职前准备、专业发展活动等成长行为通过课堂行为、自我效能感等教学实践活动间接影响学生成绩，教学实践活动是教师成长行为影响学生成绩的中介。

H8：在教师层面，教师的成长行为（职前准备、专业发展）会对教学实践（课堂行为、自我效能感）产生显著的正向影响。

3.4 实证研究方法

本研究除了基本的描述性统计分析、一般线性回归（OLS）之外，还采用了因子分析（探索性和验证性）、结构方程模型、基于教育生产函数的增值模型、多层线性回归模型等多种实证研究方法，本节将会详细介绍这些实证研究方法的基本数学原理，并讨论在本研究中这些实证研究方法的适用性问题。

3.4.1 因子分析

因子分析是将具有错综复杂关系的变量综合成为少数因子，以再现原始变量与因子之间的相互关系，从而达到数据降维的目的。因子分析的数学原理是通过分析多个变量之间的协方差矩阵的内部依赖关系，找出能够综合所有变量主要信息的因子，因子本身是不可直接测量。因子分析分为两类：探索性因子分析和验证性因子分析。探索性因子分析和验证性因子分析的区别在于是否利用已有信息，其中验证性因子分析是在已知测量某个潜变量的情况下，验证潜变量的测量效果；而探索性因子分析需要根据其数学原理提取公因子，并根据实际情况归纳总结公因子的含义。探索性因子分析原理如下。

假设有 M 个样本，N 个指标，随机向量 $X = (X_1, X_2, \ldots, X_n)$，需

要计算的公因子为 $F=(F_1, F_2, \ldots, F_t)^T$，则因子模型表示为如下形式：

$$X_1 = a_{11}F_1 + a_{12}F_2 + \cdots + a_{1m}F_m + \varepsilon_1$$
$$X_2 = a_{21}F_1 + a_{22}F_2 + \cdots + a_{2m}F_m + \varepsilon_2$$
$$\vdots$$
$$X_n = a_{n1}F_1 + a_{n2}F_2 + \cdots + a_{nm}F_m + \varepsilon_n$$

其中 $A=(a_{ij})$ 是因子载荷矩阵，ε 是残差项，代表提取的公因子以外的影响因素的变异，公因子 F 需要通过旋转后的因子载荷矩阵确定。在提取出公因子之后，可以进一步采用回归估计的方法将公因子表示成线性的形式，并计算因子得分，如下所示：

$$F_i = \beta_{i1}X_1 + \beta_{i2}X_2 + \cdots \beta_{in}X_n \quad (i=1,2,\cdots,t)$$

在因子分析过程中，KMO 检验用于检测变量之间的偏相关性，取值在 0—1。一般经验认为 KMO 大于 0.7 时因子分析的效果较好，而当 KMO 小于 0.5 时不适合使用因子分析法。

本研究的教师问卷部分题目来源于 TALIS 2013 和 TALIS 2018 问卷，对于结构和内容不清晰的量表，每个总量表内容可能包含测量内容不一致的分量表，采用探索性因子分析提取量表的公因子，通过公因子的载荷量修正和拆分总量表，从而确定每个分量表的具体题项。具体而言，对教师职前准备、课堂行为、自我效能感三个量表没有已有研究的合理归类，因此采用探索性因子分析并根据探索性因子分析的特征值、累计方差贡献率和因子载荷阵提取公因子，然后根据实际情况对每一个公因子进行定义，并根据公因子将总量表拆分成分量表。

3.4.2 结构方程模型

验证性因子分析一般采用结构方程模型（Structural Equation Modeling，SEM）的测量模型计算潜变量的结构效度，并根据结构效度确定量表具体的题项。SEM 是分析方差的统计方法，模型中包含可观测的观察变量和不可观测的潜在变量，其最基本的结构如图 3.5 所示。SEM 考察潜在变量与观察变量之间的关系，因此 SEM 中既包含测量模型，又包含结构模型。其中测量模型是观察变量与其潜在测量变量之间的关系，通过验证性因子分析考察测量模型的信效度，同时考虑了测量误差；结构模型是不同潜变量之间的路径关系。SEM 的主要作用是验证理论模型，而传统的回归分析更多用于建立理论模型，两者之间并不冲突，也无法直接断定方法之间的优劣。将回归分析与结构方程模型结合起来能够找到最适配同时又具有实际意义的模型。

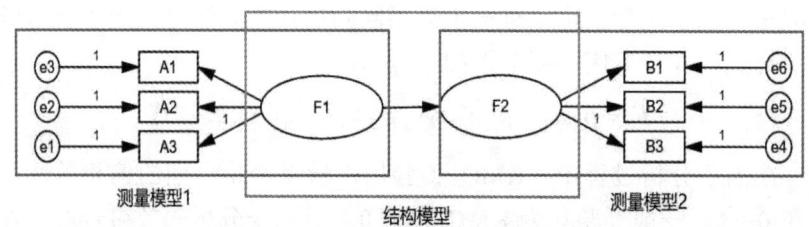

图 3.5　结构方程模型（SEM）原理图

SEM 本质上无法直接判断潜变量之间的因果关系，在图 3.5 中，F1 与 F2 之间的因果关系只能通过已有的理论或实证研究确定，然后通过 SEM 对两者之间的因果性进行验证。在一般的结构方程模型的基础上，如果考虑到有些变量起到中介作用，可进一步表示为中介模型（见图 3.6）。结构方程模型中分析中介模型的思路，与常用的机制分析方法类似，可以在第八章的机制分析中借鉴该思路。

对于教师问卷中结构和内容清晰的量表，根据已有理论和经验，采用验证性因子分析测量结构效度，通过结构效度修正量表，从而确定每个量表的具体题项。具体而言，对教师专业发展（有效专业发展活动和学习共同体两个量表）、学校支持（教师未来发展机会、职业认同感、职业倦怠感三个量表）进行验证性因子分析，根据测量模型的适配度指标和题目的实际含义对题项进行删减，进而确定每一个量表的测量题项。

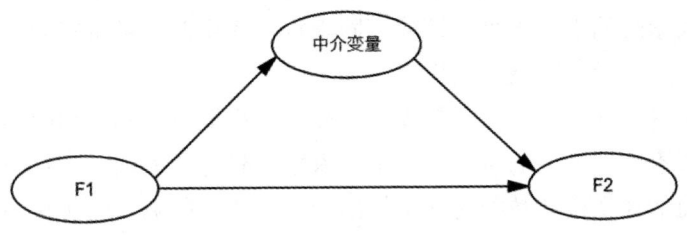

图 3.6　中介模型示意图

3.4.3　增值模型

增值模型是以学校活动对学生成绩的影响变化作为评价标准,判定学校对学生成绩影响的一种发展性学校评价模式,20 世纪 70 年代在美国逐渐兴起,与"科尔曼报告"的发布有密切的关系。在初期由于受到统计技术的限制,增值性评价应用并不广泛,随着多水平模型的发展和学校问责制概念的提出,增值性评价在逐渐得到实质性的应用。1992 年美国田纳西州率先采用增值评价系统作为教育促进法案的一部分。随着"不让一个孩子掉队"法案的出台,增值性评价逐渐成为美国教育评价的主流方式。英国在 20 世纪 90 年代开始接受增值性评价,并在 2006 年全面开展学校效能增值评价。虽然增值性评价在美国和英国已经有深入的应用,但是目前在我国的应用依旧较少。我国的教育评价更多采用一次终结性评价方式,例如在高中阶段基本上会采用高考分数或以高考分数为基础的升学率作为标准进行评价。

增值模型是基于教育生产函数模型衍生出来的增值评价方法,假设学校和教师能在原有基础之上增加学生的学业成绩,超出原本期望的部分即学校和教师的增值效应。其原理是追踪学生在一段时间内不同阶段的学科标准化测试成绩,基于学生本身的测试成绩变化,通过控制学生个体层面的因素,进而可以计算出学校或教师对于学生成绩的影响。当前对学校和教师进行评价主要采用中考和高考升学率等指标,虽然中考和高考检验学生成绩的专业性充足,并且有利于教育公平,但是评价学校质量和教师水平时如果仅采用中考、高考成绩进行评价,必然存在一定弊端；中考和高考成绩是学生在初中和高中阶段学习的累积，如果不考虑学生入学时的学习水平，排除不同学校入学生源质量带来的差异，就不能准确反映学校和教师的作用。

增值模型通过控制学生的基线学业成绩，将学生开始成绩中学校无法作用的因素，如学生的智力、性别、家庭背景等个人因素进行一定的控制，从而估计学校和教师对学生做出的"增值"影响。与传统的终结性评价方法相比，增值模型考虑了教育的累加效应。增值模型充分关注学生的初始水平和进步情况，而不是一次终结性的横向比较。此外，增值模型可以在一定程度上分离学校、教师和学生自身因素对学业成绩的影响，有助于对学校和教师的影响进行更客观的评价。

传统的教育生产函数为分析学生学业成绩提供了一个包含学校的非教师资源投入以及学校环境、学校的教师资源投入、家庭的投入（包括家庭背景等因素）、学生同伴效应等因素在内的完整分析框架。增值模型是在教育生产函数中加入上一期学生的学业成绩，如下所示：

$$Q_t = f(Q_{t-1}, school_{t-1}, teacher_{t-1}, family_{t-1}, peer_{t-1}, stutent_{t-1}, \varepsilon_{t-1})$$

其中 Q_t 表示 t 期的学生成绩，Q_{t-1} 表示 t-1 期的学生成绩，$school_{t-1}$ 表示 t-1 期学校的非教师资源投入以及学校环境，$teacher_{t-1}$ 表示学校的教师资源投入，$family_{t-1}$ 表示 t-1 期家庭的投入（包括家庭背景等因素），$peer_{t-1}$ 表示 t-1 期的学生同伴效应，$stutent_{t-1}$ 表示学生 t-1 期的努力程度，ε_{t-1} 表示 t-1 期其他未考虑到投入要素。第 t 期学生成绩是从初始到当下全部教育投入要素共同作用的结果。Q_{t-1} 的引入很大程度上缓解了缺乏家庭背景信息、过去教育经历造成的遗漏解释变量问题。

增值模型不能直接采用一般线性回归（OLS）进行估计，而需采用多层线性模型进行估计。因为传统的一般线性回归无法解释学生成绩存在学校之间、教师之间的差异，同一个学校或同一个授课教师的学生成绩之间可能存在方差非齐性、非独立分布，因此采用 OLS 回归可能会违背基本假设，因此 OLS 回归的结果存在偏误。增值性评价充分利用了学生个体层面和学校或教师层面的数据信息，能够将影响学生成绩的外部因素与学校或教师的效应分离，从而计算学校或教师的"净效应"。本研究使用"quasi-gains"教育增值模型，该模型将学生的出口成绩（在本研究中是指一模成绩）作为结果变量，学生的入口成绩（在本研究中是指中考成绩）则作为控制变量。

　　Chetty、Friedman 和 Rockoff（2014）系统地讨论了增值模型是否提供了教师对学生成绩因果影响的无偏估计，该研究利用学区和税务记录提供的超过一百万名儿童的信息，研究发现控制学生先前考试成绩的增值模型提供了教师对学生成绩影响的无偏预测。分配给高增值老师的学生更有可能上大学，赚取更高的薪水，并且更少早孕。将增值排在最后5%的教师替换为平均教师，将使学生终生收入的现值增加约 25 万美元。

　　增值性评价与传统的终结性评价相比有非常多的优点：（1）更加关注学生进步和成长，是一种更公平的比较方式；（2）为学校问责提供了评价的框架，克服以升学率为导向的学校评估模式；（3）促使教师关注所有学生的发展。Hanushek 和 Raymond（2005）认为增值评价下的问责制提升了整体学生学业成绩，根据国家教育进展评估对州成绩的增长进行的分析表明，20 世纪 90 年代引入的问责制对学生成绩有明显的积极影响。但是，这一对一的政策工具也没有导致黑人与白人之间成就差距的缩小（尽管它确实缩小了西班牙裔与白人之间的成就差距）。

　　虽然增值模型相对于一次终结性评估有非常多优点，但是增值性评价也有一些缺陷。Gorard（2006）认为增值评价与原始得分有相同的缺陷，增值模型无法评估出学校或教师的真实影响，错误的教育评估结果会带来负面激励和教育资源的浪费。另外也有研究得出实证研究结果：五年级教师对四年级考试成绩提高有很大的"影响"，教师对学生过往学业成绩的影响几乎与对当前的影响相当五年级数学和阅读教师增值影响的标准差为 0.11 和 0.08，而五年级教师对四年级学生成绩增值影响的标准差也达到了 0.08。

　　增值模型的使用和解读需要注意两点：（1）基于学生学业成绩的增值评价主要是用于探索是否一些学校比另外一些学校、一些教师比另外一些教师对学生成绩有相对更多的作用，因此增值评价仅是对学校和教师质量评价的一种方式，提供的是学校和教师的相对水平信息。（2）增值评价的可靠性受到所收集到的数据、分析的信度和效度的影响。在现实过程中，往往由于条件的限制无法收集到所有非学校能够控制的相关因素，例如学生的家庭背景等个人因素，因此增值评价的方法有一定局限性。总而言之，增值模型的结果反映的是学校和教师对学生的影响，加上没有被纳入考虑范围的任何其他因素对学生成绩带来的影响。

3.4.4 多层线性模型

分层线性模型应用于分层的数据结构，这种数据一般以一个层次的数据嵌套在另一个层次之中为特征。比如在本研究中学生的学科测试成绩嵌套于任课教师之中，而任课教师的各项数据又嵌套于学校之中，从而构成了学生—教师—学校的三层数据结构。分层数据结构相对于传统的截面数据会包含更多的有效信息。在本研究中重点关注教师层次和学校层次的特征对于学生成绩的影响，因此可以构建学生—教师两层线性模型、学生—学校两层线性模型以及学生—教师—学校三层线性模型。

本研究对学校增值和教师增值的分析分为5个模型，均采用多层线性模型进行估计。其中第一个模型基于学生成绩数据分析不同学校对于学生成绩总体增值效应的评估，计量模型如模型1所示。

层一：$Q_{is} = \beta_{0s} + \beta_{1s} Q_{is-1} + \beta_{2s} X_{isyear} + \beta_{3s} X_{istrack} + \gamma_{is}$

层二：$\beta_{0s} = \gamma_{00} + \mu_{0s}, \beta_{1s} = \gamma_{10}, \beta_{2s} = \gamma_{20}, \beta_{3s} = \gamma_{30}$ （模型1）

模型1的层一是学生个人，层二是学校。其中层一的 Q_{is} 为学校 s 的学生 i 的出口成绩，A_{ist-1} 为该学生的基线（入口）成绩，X_{isyear} 是该学生的毕业年份，$X_{istrack}$ 是该学生的文理科分类，γ_{is} 是残差，β_{0s} 表示在学校层面采用随机截距。层二中对 β_{0s} 的估计，仅包括常数项和残差项。

第二个模型教师总体增值效应的评估，计量模型如模型2所示。

层一：$Q_{ij} = \beta_{0j} + \beta_{1j} Q_{ij-1} + \beta_{2j} X_{ijyear} + \beta_{3j} X_{ijtrack} + \gamma_{ij}$

层二：$\beta_{0j} = \gamma_{00} + \mu_{0j}, \beta_{1j} = \gamma_{10}, \beta_{2j} = \gamma_{20}, \beta_{3j} = \gamma_{30}$ （模型2）

模型2的层一是学生个人，层二是教师。其中层一的 Q_{ij} 为教师 j 所教的学生 i 的出口成绩，A_{ist-1} 为该学生的基线（入口）成绩，X_{ijyear} 是该学生的毕业年份，$X_{ijtrack}$ 是该学生的文理科分类，γ_{ij} 是残差，β_{0j} 表示在教师层面采用随机截距。层二中对 β_{0j} 的估计，仅包括常数项和残差项。

第三个模型是估计教师个人特征变量（性别、学历、编制、职称、教龄、职务、奖励和荣誉等）对于学生学业成绩的影响，计量模型如模型 3 所示。

层一：$Q_{ij} = \beta_{0j} + \beta_{1j}Q_{ij-1} + \beta_{2j}X_{ijyear} + \beta_{3j}X_{ijtrack} + \gamma_{ij}$

层二：$\beta_{0j} = \gamma_{00} + \gamma_{01}P_j + \mu_{0j}, \beta_{1j}=\gamma_{10}, \beta_{2j}=\gamma_{20}, \beta_{3j}=\gamma_{30}$ （模型 3）

模型 3 的层一是学生个人，层二是教师。其中层一与模型 2 一致。层二中对 β_{0j} 的估计，P_j 表示第 j 个教师的个人特征变量，γ_{00} 是常数项，μ_{0j} 是残差项。

第四个模型是估计教师行为（职前准备、课堂教学、专业发展等）对于学生学业成绩的影响，计量模型如模型 4 所示。

层一：$Q_{ij} = \beta_{0j} + \beta_{1j}Q_{ij-1} + \beta_{2j}X_{ijyear} + \beta_{3j}X_{ijtrack} + \gamma_{ij}$

层二：$\beta_{0j} = \gamma_{00} + \gamma_{01}M_j + \gamma_{02}P_j + \mu_{0j}, \beta_{1j}=\gamma_{10}, \beta_{2j}=\gamma_{20}, \beta_{3j}=\gamma_{30}$（模型 4）

模型 4 的层一是学生个人，层二是教师。其中层一与模型 2 一致。层二中对 β_{0j} 的估计，M_j 表示第 j 个教师的行为，P_j 表示第 j 个教师的个人特征变量，γ_{00} 是常数项，μ_{0j} 是残差项。

第五个模型是估计教师感受到的学校支持（未来发展机会、职业认同感、倦怠感等）对于学生学业成绩的影响，计量模型如模型 5 所示。

层一：$Q_{ij} = \beta_{0j} + \beta_{1j}Q_{ij-1} + \beta_{2j}X_{ijyear} + \beta_{3j}X_{ijtrack} + \gamma_{ij}$

层二：$\beta_{0j} = \gamma_{00} + \gamma_{01}N_j + \gamma_{02}P_j + \mu_{0j}, \beta_{1j}=\gamma_{10}, \beta_{2j}=\gamma_{20}, \beta_{3j}=\gamma_{30}$（模型 5）

模型 5 的层一是学生个人，层二是教师。其中层一与模型 2 一致。层二中对 β_{0j} 的估计，N_j 表示第 j 个教师对于学校支持氛围的自评分数，P_j 表示第 j 个教师的个人特征变量，γ_{00} 是常数项，μ_{0j} 是残差项。

3.5 数据来源及变量说明

3.5.1 数据来源

本文使用数据由学生数据、教师数据和学校数据三个部分匹配而成。

学生数据的样本范围为北京市海淀区 2016—2019 年参加高考的高三学生的语文、数学和化学三门课程的标准化考试成绩,包括高考第一次模拟考试(以下简称"一模")成绩、高考第二次模拟考试(以下简称"二模")成绩和中考成绩。中考成绩代表学生进入高中之前的知识积累水平;一模成绩、二模成绩与高考成绩类似,代表了高中学生经历了高中三年的学校学习和培养所获得的出口成绩。由于无法获取高考成绩,高考一模相对于二模所考察的知识点更全面,一模难易程度与高考更类似,因此本文的出口成绩采用一模成绩作为高中出口成绩的代理。表 3.1 是初始样本的学生的文理科情况和毕业时间分布,每年的高三毕业生总体略高于 1 万人,同时文科与理科的人数比例大约在 1:3 左右,整体上每年的样本范围分布比较稳定。在学生数据的样本范围基础上,本研究根据学校管理数据将授课教师和学生成绩进行匹配。由于管理数据中学生的授课教师部分缺失的问题,部分学生没有成功匹配到授课教师。其中 2017 届的授课教师缺失情况较为严重,其他年份的授课教师缺失比例很低。同时中考成绩大约有 20%的缺失比例,而一模考试成绩缺失比例较低。

关于科目的选择,本研究选取语文、数学、化学三个科目的原因有三点:(1)语文、数学科目在考试成绩中所占的比重较高,语文和数学分别代表文科和理科思维方式,而化学科目兼具文科与理科的性质;(2)在国外相关研究中选取阅读、数学、科学作为研究对象的较多,选取这三个科目能够与国外相关研究契合;(3)数据获取的方便性。

表 3.1　初始样本的学生分布情况

毕业年份	文科	理科	总体
2016 年	2661	7688	10349
2017 年	2758	7698	10456
2018 年	2687	7964	10651
2019 年	2526	8145	10671
总体	10632	31495	42127

教师数据来源于北京大学中国教育财政科学研究所课题组在 2019 年 2 月至 3 月针对北京市海淀区学校的"区域教研情况调查"的问卷数据。该调查旨在了解新时期教育改革背景下，教师专业发展的诉求和对教研工作的需求，为区域教研工作的改进提供参考。问卷是基于全球通用的有关教师专业发展、教师效能、教师教学实践及课堂行为等相关数据的调查问卷，结合我国区域教师专业发展的现状编制。问卷完成编制之后，邀请专家和教师对问卷进行了试测，根据试测结果修订了问卷内容。完整的问卷在附录 A 中呈现。此次"区域教研情况调查"共有 1974 名教师回答了问卷，参与问卷调查的所有教师样本情况如表 3.2 所示。

表 3.2 参与问卷调查的所有教师样本

年级	语文	数学	化学	总体
初一	213	120	1	334
初二	179	164	7	350
初三	212	109	96	417
高一	92	92	68	252
高二	110	113	51	274
高三	123	129	95	347
总体	929	727	318	1974

本研究根据参与调查的教师姓名和所在学校，以及学生数据中的授课教师姓名和所在学校，将该调查的数据与学生数据进行了匹配。从而建立了包含高三学生中考成绩、一模考试成绩、相应任课教师调查数据、学校名称的多层次数据库。经过匹配之后，有 60 所普通高中学校的 542 名教师与 39894 名学生数据成功链接。其中有语文、数学、化学成绩信息的学生数分别 14296 名、15662 名、9936 名；语文、数学、化学的教师数分别 195 名、216 名、131 名。学生和教师的样本规模并不是均匀分布，而是与学校的学生和教师办学规模相关。学校—教师—学生匹配后的样本情况如表 3.3 所示。

表 3.3 学校—教师—学生数据匹配后的样本情况

学校代码	学生数				教师数			
	语文	数学	化学	合计	语文	数学	化学	合计
z001	240	216	377	833	3	3	3	9
z004	156	202	153	511	4	3	3	10
z006	357	400	97	854	4	5	2	11
z008	473	584	437	1494	7	8	5	20
z009	0	105	57	162	0	1	1	2
z011	630	566	330	1526	11	8	5	24
z012	489	534	583	1606	7	6	8	21
z013	186	255	0	441	4	4	0	8
z014	0	116	30	146	0	2	1	3
z016	364	370	105	839	5	5	2	12
z017	56	95	17	168	1	3	1	5
z018	736	843	262	1841	5	11	3	19
z020	377	627	359	1363	5	9	3	17
z021	84	84	52	220	1	1	1	3
z022	126	166	100	392	2	3	1	6
z023	51	191	51	293	1	2	2	5
z027	424	212	286	922	5	3	4	12
z028	30	146	83	259	1	5	4	10
z029	253	222	197	672	3	3	3	9
z030	144	26	21	191	3	1	1	5
z033	540	636	235	1411	6	6	3	15
z034	146	115	92	353	4	2	1	7
z037	603	422	371	1396	9	7	4	20
z039	835	933	780	2548	7	10	6	23
z041	0	134	11	145	0	2	1	3
z044	790	678	906	2374	11	11	8	30
z047	227	293	79	599	3	4	2	9
z048	588	694	425	1707	6	7	5	18
z049	191	155	109	455	3	3	2	8
z050	375	705	312	1392	4	7	4	15
z051	372	184	33	589	5	3	1	9
z052	187	248	582	1017	3	4	7	14
z056	39	49	29	117	1	2	1	4

续表

学校代码	学生数				教师数			
	语文	数学	化学	合计	语文	数学	化学	合计
z059	51	46	25	122	2	1	1	4
z060	510	187	178	875	8	3	3	14
z062	147	170	53	370	2	3	1	6
z063	41	185	0	226	1	4	0	5
z065	5	116	0	121	1	3	0	4
z069	0	13	35	48	0	1	1	2
z070	203	350	239	792	2	5	3	10
z073	43	63	73	179	1	1	1	3
z075	202	0	76	278	3	0	1	4
z078	607	574	217	1398	8	7	3	18
z079	323	215	340	878	4	4	3	11
z081	153	177	124	454	3	2	2	7
z085	0	37	0	37	0	1	0	1
z088	27	27	0	54	1	1	0	2
z089	869	1262	706	2837	7	11	7	25
z092	484	311	131	926	6	2	1	9
z093	28	79	74	181	1	1	1	3
z094	144	389	38	571	3	5	1	9
z097	94	150	35	279	2	3	2	7
z098	192	52	17	261	3	1	1	5
z105	81	23	0	104	2	2	0	4
z108	23	30	14	67	1	1	1	3
z001	240	216	377	833	3	3	3	9
z004	156	202	153	511	4	3	3	10
z006	357	400	97	854	4	5	2	11
z008	473	584	437	1494	7	8	5	20
z009	0	105	57	162	0	1	1	2
合计	14296	15662	9936	39894	195	216	131	542

学校数据一般会采用校长问卷的方式收集，例如 TALIS 2018 的校长问卷要求校长提供关键的个人信息，包括他们在学校的教育程度、经验，以及各自学校的特点（例如位置，学校规模，学校类型，资金模型和学生组成）。但是由于新型冠状病毒（COVID-19）疫情的影响，本研究未收集校长问卷，因此采用收集客观数据的方式代替。选取学校层面

变量一方面考虑到收集数据的可行性，另一方面也考虑到相关的理论基础。其中学校类型是硬件资源的一种体现，不同学校类型表示学校所能获取的资源或者所处的经济社会地位存在差异，通过学校类型也可大致判断学校整体水平的优劣。社会关注度更多的是学校软件资源的体现，社会关注度表示了该学校在社会中的热度，社会关注度能够给学校带来更多资源或者优质生源。变量的赋值方面，学校类别是一个定序变量，取值从 1 到 4 表示学校的整体质量从优到差，详细学校类别可见附录 B；社会关注度采用百度搜索指数作为代理指标，在分析中对其取对数再使用。

3.5.2 变量说明

根据前述的数据来源，本研究所使用的变量包括学生层面变量教师层面变量和学校层面变量，其中学生层面变量列表如表 3.4 所示，包括中考成绩（语文、数学、化学）、一模成绩（语文、数学、化学）、文理科分类、毕业年份等四个变量，其中一模成绩和中考成绩均是连续变量，并根据学生的毕业批次、文理科以及考试的类型，在全海淀区范围内对每一次考试的成绩进行标准化处理。学生一模成绩是增值模型和多层线性模型分析的因变量，中考成绩、文理科、毕业年份是学生层面的控制变量。

表 3.4　学生变量列表

变量	中文名称	变量说明
mokao	一模成绩	一模成绩和中考成绩均是连续变量，并根据学生的毕业批次、文理科以及考试的类型，在全区范围内对每一次考试的成绩进行标准化处理
zhongkao	中考成绩	
track	文理科	虚拟变量，文科=0
grade	毕业年份	虚拟变量，基准为 2016 年；本文毕业年份包含 2016—2019 年

教师层面变量包括教师特征变量列表和教师行为变量，其中教师特征变量如表 3.5 所示，包括教师的性别、学历、是否师范生、编制、教龄、教师职务等。本研究的教师特征变量大部分是虚拟变量，包括性别（女性=0，男性=1）、学历（非研究生学历=0，研究生学历=1）、是否师

范生（非师范生=0，师范生=1）、编制（事业编=0，非事业编=1）、高级职称（非高级职称=0，高级职称=1）、教龄、骨干教师（非区/市/国家骨干教师=0，骨干教师=1）、学科带头人（非区/市/国家学科带头人=0，学科带头人=1）、行政职务（有行政职务=0，无行政职务=1）、教学获奖（无市/国家研究课、教学设计、教学展示=0，有教学获奖=1）。教师的教龄采用定序变量，其中（1—2年）=1，（3—5年）=2，（6—12年）=3，（13—20年）=4，（21—27年）=5，（28年以上）=6。教龄的平方是在将教龄作为定序变量的基础上取平方值。

表 3.5 教师特征变量列表

变量	中文名称	变量说明
male	性别	虚拟变量，女性=0
graduate	研究生学历	虚拟变量，学历非研究生=0
shifan	师范生	虚拟变量，非师范生=0
contract	非事业编	虚拟变量，事业编=0
senior	高级职称	虚拟变量，非高级职称=0
expr	教龄	定序变量：（1—2年）=1，（3—5年）=2，（6—12年）=3，（13—20年）=4，（21—27年）=5，（28年以上）=6
expr2	教龄的平方	—
gugan	骨干教师	虚拟变量，非区/市/国家骨干教师=0
daitou	学科带头人	虚拟变量，非区/市/国家学科带头人=0
nozhiwu	行政职务	虚拟变量，有行政职务=0
reward1	教学获奖	虚拟变量，无市/国家研究课、教学设计、教学展示=0

教师行为变量如表 3.6 所示。本研究涉及的教师行为均通过自评量表获取，包括职前准备、课堂行为、自我效能感、专业发展等多个类别（总量表），每个类别又通过探索性因子分析或验证性因子分析拆分为多个分量表并确定每个分量表的具体题项。其中职前准备包括内容知识和教学知识；课堂行为包括课堂组织和认知激活；自我效能感包括学生参与、课堂管理、多元教学策略三种信念；专业发展包括聚焦课程内容、融入主动学习、有效的示范及模范、专家指导和支持、学习共同体等教研活动。教师行为变量均是连续变量，根据相应量表计算总分，并按科目标准化处理。

学校层面变量如表 3.7 所示，包括教师感受到的学校支持（未来发展机会、职业认同感、倦怠感）、学校类别、社会关注度。其中未来发展机会、职业认同感、倦怠感均是连续变量，根据相应量表计算，并按科目标准化处理；学校类别是定序变量，取值从 1 到 4 表示学校的整体质量从优到差；社会关注度是连续变量，采用百度搜索指数取对数。值得注意的是这里的学校类别并非一种制度安排，而是管理部门根据学校的日常表现进行约定俗成的分类，仅能在一定程度上体现学校整体的"好"与"差"。

表 3.6 教师行为变量列表

类别	变量	中文名称	变量说明
职前准备	zhishi nengli	内容知识 教学知识	连续变量，根据教师职前准备量表计算，并按科目标准化处理
课堂行为	xuexi zuoye	课堂组织 认知激活	连续变量，根据教师课堂行为量表计算，并按科目标准化处理
自我效能感	canyu guanli duoyuan	学生参与 课堂管理 多元教学策略	连续变量，根据教师课堂行为量表计算，并按科目标准化处理
专业发展	neirong zhudong mofan zhuanjia	聚焦课程内容 融入主动学习 有效的示范及模范 专家指导和支持	连续变量，根据教师四项有效专业发展活动量表计算，并按科目标准化处理
	gtt	学习共同体	连续变量，根据教师学习共同体量表计算，并按科目标准化处理

表 3.7 学校变量列表

类别	变量	中文名称	变量说明
学校支持	zyfz	教师未来发展机会	连续变量，根据教师未来发展机会量表计算，并按科目标准化处理
	zyrt	教师职业认同感	连续变量，根据教师职业认同感量表计算，并按科目标准化处理
	jdg	教师倦怠感	连续变量，根据教师倦怠感量表计算，并按科目标准化处理
硬件资源	fenlei	学校类别	定序变量，取值从 1 到 4 表示学校的整体质量从优到差
软件资源	guanzhu	社会关注度	连续变量，百度搜索指数取对数

第四章 教师行为和学校支持量表的因子分析

本章将会对后续研究中所使用的教师行为和学校支持量表进行因子分析。本研究的教师问卷中部分题目来源于设计严谨的 TALIS 2013 和 TALIS 2018 问卷，因此对于教师问卷中结构和内容清晰的量表，采用验证性因子分析测量结构效度，通过结构效度修正量表，从而确定每个量表的具体题项；对于结构和内容不清晰的量表，每个总量表内容可能包含测量内容不一致的分量表，采用探索性因子分析提取量表的公因子，通过公因子的载荷量修正和拆分总量表，从而确定每个分量表的具体题项。本章的具体分析过程如下：首先，对教师职前准备、课堂行为、自我效能感三个总量表进行整体描述性统计分析，并进行探索性因子分析，根据探索性因子分析的特征值、累计方差贡献率和因子载荷阵提取公因子，然后根据实际情况对每一个公因子进行定义，并根据公因子将总量表拆分成分量表；其次，对教师专业发展（有效专业发展活动和学习共同体两个量表）、学校支持（教师未来发展机会、职业认同感、职业倦怠感三个量表）进行验证性因子分析，根据测量模型的适配度指标和题目的实际含义对题项进行删减，进而确定每一个量表的测量题项。

4.1 教师职前准备量表

4.1.1 教师职前准备的描述性统计分析

在教师问卷中，关于教师职前准备总量表的问题是"您所学的专业课程是否包含以下内容？如果包含，您觉得毕业的时候自己是否准备充分？"具体的量表内容如表 4.1 所示。该量表的题项均是采用 5 点尺度测量，在分析中将"不包含"赋值为 1，"包含；没有准备"赋值为 2，"包含；有一些准备"赋值为 3，"包含；准备充分"赋值为 4，"包含；准备非常充分"赋值为 5，从而将每个测量题项都转化为定距变量。该量表包括 10 个题项，涵盖了教师职前准备的多个方面，包括学科知识、教学能力和教学法、学生管理等。

由于部分教师回答职前准备量表存在缺失值，剔除缺失值之后，对职前准备量表的每一个题项进行了描述性统计分析，分别汇报了样本量、均值、标准差、偏度和峰度（见表 4.2）。在 10 个题项中，Q6-1"所教学科领域的知识和理解"的均值最大，在一定程度上说明教师进入该行业之前学科知识和理解较好；Q6-6"跨学科技能的教学（如 STEAM、批判思维、问题解决等）"的均值最小，说明教师的职前准备中跨学科技能的教学能力有待提高。同时也可以观察到 Q6-1 至 Q6-4 的均值明显大于 Q6-5 至 Q6-10 的均值，这两部分题目所测量的潜变量可能存在差异，需要进一步分析。

表 4.1 教师职前准备量表

题号	题项	不包含	包含；没有准备	包含；有一些准备	包含；准备充分	包含；准备非常充分
Q6-1	所教学科领域的知识和理解	—	—	—	—	—
Q6-2	所教学科的教学能力	—	—	—	—	—
Q6-3	一般教育教学法	—	—	—	—	—
Q6-4	所教学科的授课方法	—	—	—	—	—
Q6-5	面对能力不同的学生进行分层教学	—	—	—	—	—
Q6-6	跨学科技能的教学（如 STEAM、批判思维、问题解决等）	—	—	—	—	—
Q6-7	应用信息技术进行教学	—	—	—	—	—
Q6-8	学生行为和课堂管理	—	—	—	—	—
Q6-9	学生发展和学业评价	—	—	—	—	—
Q6-10	帮助学生做好初高中衔接	—	—	—	—	—

表 4.2 教师职前准备量表的描述性统计分析

题号	样本量	均值	标准差	偏度	峰度
Q6-1	501	3.908	0.881	-0.471	2.923
Q6-2	501	3.665	0.957	-0.413	3.053
Q6-3	501	3.699	0.916	-0.339	3.017
Q6-4	501	3.615	0.951	-0.365	3.087
Q6-5	501	3.02	1.168	-0.182	2.414
Q6-6	501	2.547	1.231	0.249	2.136
Q6-7	501	2.842	1.18	-0.058	2.254
Q6-8	501	3.267	1.114	-0.237	2.592
Q6-9	501	2.99	1.207	-0.158	2.266
Q6-10	501	2.834	1.332	0.005	1.896

4.1.2 教师职前准备的探索性因子分析

由于教师职前准备量表所包含的内容比较多，主观选择测量题项或拆分量表可能存在偏误。因此采用探索性因子分析的方法对教师职前准备量表进行分析。通过主成分分析法计算可以获知该量表整体 KMO 等于 0.924，大于 0.7；Bartlett 的球形度检验的 p 值小于 0.05，各题项之间信息的重叠程度较高，适合采用因子分析的方法。表 4.3 汇报了因子分析的特征值和方差贡献率，其中公因子 1 和公因子 2 的特征值大于 1，其余公因子的特征值均小于 1；同时公因子 1 和公因子 2 的方差贡献率分别是 65.015% 和 12.901%，说明提取两个公因子可以代替原量表 77.916% 的信息量。通过分析特征值和方差贡献率，可以确认该量表适合提取 2 个公因子，从而将职前准备量表拆分为两个分量表。

表 4.3 教师职前准备量表的特征值和方差贡献率

因子	初始特征值			旋转载荷平方和		
	总计	方差百分比	累积百分比	总计	方差百分比	累积百分比
1	6.501	65.015	65.015	4.110	41.098	41.098
2	1.290	12.901	77.916	3.682	36.818	77.916
3	0.577	5.774	83.690	—	—	—
4	0.395	3.953	87.643	—	—	—

续表

因子	初始特征值			旋转载荷平方和		
	总计	方差百分比	累积百分比	总计	方差百分比	累积百分比
5	0.319	3.192	90.835	—	—	—
6	0.284	2.840	93.675	—	—	—
7	0.229	2.290	95.965	—	—	—
8	0.160	1.599	97.564	—	—	—
9	0.140	1.402	98.966	—	—	—
10	0.103	1.034	100.000	—	—	—

为了进一步确定每个分量表的测量题项，将因子载荷阵进行 Kaiser 标准化最大方差法旋转，旋转后的因子载荷阵如表 4.4 所示。对于旋转后的因子载荷阵主要关注各个题项在每个因子的载荷，载荷较大即可归到该公因子之下。分析各个题项的因子载荷，可以发现 Q6-1 至 Q6-4 在公因子 1 的载荷较大，并且所有题项的因子载荷大于 0.6，根据表 4.1 的内容可以将公因子 1 命名为内容知识（Content Knowledge），因此内容知识分量表由 Q6-1 至 Q6-4 四个题项组成；Q6-5 至 Q6-10 在公因子 2 的载荷较大，并且所有题项的因子载荷均大于 0.6，根据表 4.1 的内容可以将公因子 2 命名为教学知识（Pedagogical Content Knowledge），因此教学知识分量表由 Q6-5 至 Q6-10 六个题项组成。

进一步计算量表信度：内容知识分量表的克隆巴赫系数 0.943；教学知识量表的克隆巴赫系数为 0.921，两个分量表的信度较好。

表 4.4 教师职前准备量表旋转后的因子载荷阵

题号	公因子 1	公因子 2
Q6-1	0.844	0.218
Q6-2	0.88	0.336
Q6-3	0.887	0.328
Q6-4	0.852	0.384
Q6-5	0.437	0.747
Q6-6	0.219	0.808
Q6-7	0.201	0.753
Q6-8	0.463	0.717
Q6-9	0.331	0.831
Q6-10	0.281	0.844

4.2 教师课堂行为量表

4.2.1 教师课堂行为的描述性统计分析

在教师问卷中,关于教师课堂行为总量表的问题是"您进行以下各项课堂教学行为的频率"。本研究筛选了问卷中与课堂行为密切相关的12个题项作为初始量表,内容如表4.5所示。该量表的题项均是采用4点尺度测量,在分析中将"几乎不会"赋值为1,"偶尔"赋值为2,"经常"赋值为3,"总是"赋值为4,从而将每个测量题项都转化为定距变量。该量表涵盖了高中教师课堂行为的多个方面,包括授课方法、作业情况等。

在表4.6中对于教师课堂行为量表的每一个题项进行了描述性统计分析,分别汇报了样本量、均值、标准差、偏度和峰度。在12个题项中Q16-2"明确学习目标"、Q16-3"建立新的知识点和以往知识点的联系"的均值较大,表明平均而言教师在课堂教学中更关注明确学习目标和知识点的学习情况;Q16-10"布置需要至少一周时间才能完成的大作业"、Q16-11"让学生使用信息技术完成作业"的均值较小,说明教师在课堂教学中创新性作业形式使用相对较少,相对较少采用大作业(需要一周以上时间)和让学生使用信息技术完成作业。同时也可以观察到Q16-2、Q16-3等题项的均值明显大于Q16-10和Q16-11的均值,这两部分题目所测量的潜变量可能存在差异,需要进一步分析。

表4.5 教师课堂行为量表

题号	题项	几乎不会	偶尔	经常	总是
Q16-1	总结近期学过的内容	—	—	—	—
Q16-2	明确学习目标	—	—	—	—
Q16-3	建立新的知识点和以往知识点的联系	—	—	—	—

续表

题号	题项	几乎不会	偶尔	经常	总是
Q16-4	结合日常生活问题或工作来说明新知识的用处	—	—	—	—
Q16-5	提出没有明确答案的问题	—	—	—	—
Q16-6	要求学生自己决定解决复杂问题的步骤	—	—	—	—
Q16-7	归纳、小结课堂学习内容	—	—	—	—
Q16-8	组织学生深度参与的体验性、探究性学习活动	—	—	—	—
Q16-9	布置学生做需要批判性思维的作业	—	—	—	—
Q16-10	布置需要至少一周时间才能完成的大作业	—	—	—	—
Q16-11	让学生使用信息技术完成作业	—	—	—	—
Q16-12	让学生以小组合作的方式解决问题或完成作业	—	—	—	—

表 4.6 教师课堂行为量表的描述性统计分析

题号	样本量	均值	标准差	偏度	峰度
Q16-1	542	3.173	0.567	-0.053	3.122
Q16-2	542	3.402	0.571	-0.358	2.591
Q16-3	542	3.421	0.58	-0.456	2.627
Q16-4	542	3.172	0.673	-0.327	2.62
Q16-5	542	2.173	0.685	0.456	3.443
Q16-6	542	2.648	0.628	0.169	2.579
Q16-7	542	3.242	0.579	-0.192	3.149
Q16-8	542	2.611	0.681	0.211	2.622
Q16-9	542	2.315	0.7	0.319	3.03
Q16-10	542	1.865	0.67	0.568	3.742
Q16-11	542	1.88	0.654	0.524	3.821
Q16-12	542	2.443	0.679	0.243	2.854

4.2.2 教师课堂行为的探索性因子分析

由于教师课堂行为测量量表所包含的内容比较多，无法通过主观观察进行分类，因此本研究采用探索性因子分析的方法对教师课堂行为量表进行分析。通过探索性因子分析可以获知，该量表 KMO 为 0.847，大于 0.7；Bartlett 的球形度检验的 p 值小于 0.05，各题项之间信息的重叠程度较高，适合采用因子分析的方法。表 4.7 汇报了教师课堂行为量表的特征值和方差贡献率，其中公因子 1 和公因子 2 的特征值分别是 4.130 和 2.058，均大于 1；同时公因子 1 和公因子 2 的方差贡献率分别是 34.419%和 17.149%。通过分析特征值和方差贡献率，可以确认教师课堂行为量表适合提取 2 个公因子，从而可将课堂行为量表拆分为两个分量表。

表 4.7 教师课堂行为量表的特征值和方差贡献率

因子	初始特征值			旋转载荷平方和		
	总计	方差百分比	累积百分比	总计	方差百分比	累积百分比
1	4.130	34.419	34.419	3.233	26.938	26.938
2	2.058	17.149	51.568	2.956	24.630	51.568
3	0.915	7.626	59.194	—	—	—
4	0.822	6.854	66.048	—	—	—
5	0.766	6.383	72.431	—	—	—
6	0.620	5.170	77.600	—	—	—
7	0.577	4.806	82.406	—	—	—
8	0.515	4.295	86.701	—	—	—
9	0.477	3.979	90.680	—	—	—
10	0.397	3.311	93.991	—	—	—
11	0.391	3.259	97.250	—	—	—
12	0.330	2.750	100.000	—	—	—

为了进一步确定每个分量表的测量题项，将因子载荷阵进行 Kaiser 标准化最大方差法旋转，旋转后的因子载荷阵如表 4.8 所示。关于旋转后的因子载荷阵，主要关注各个题项在公因子 1 和公因子 2 的载荷，载荷较大即可归到该公因子之下。分析各个题项的因子载荷，可以发现 Q16-1、Q16-2、Q16-3、Q16-4、Q16-7 在公因子 1 的载荷较大，根据五个题项的具体内容，可以将公因子 1 命名为"课堂组织"，因此课堂组织分量表由 Q16-1、Q16-2、Q16-3、Q16-4、Q16-7 五个题项组成。Q16-8、Q16-9、Q16-10、Q16-11、Q16-12 在公因子 2 的载荷较大，根据题项

的具体内容，可以将公因子 2 命名为"认知激活"，因此认知激活分量表由 Q16-8 至 Q16-12 五个题项组成。

Q16-5、Q16-6 两个题项在两个公因子的因子载荷均低于 0.6，因此不适合作为两个公因子的测量题项，将两个题项删除之后，再次重复了上述探索性因子分析的过程，结果显示旋转后选取题项在相应公因子的因子载荷均大于 0.6。

进一步计算量表信度：课堂组织分量表的克隆巴赫系数 0.797；认知激活分量表的克隆巴赫系数为 0.794，两个分量表的信度较好。

表 4.8　教师课堂行为量表旋转后的因子载荷阵

题号	公因子 1	公因子 2
Q16-1	0.752	0.032
Q16-2	0.792	0.128
Q16-3	0.822	0.121
Q16-4	0.626	0.272
Q16-5	0.096	0.559
Q16-6	0.326	0.532
Q16-7	0.652	0.056
Q16-8	0.328	0.619
Q16-9	0.148	0.768
Q16-10	-0.031	0.779
Q16-11	-0.034	0.721
Q16-12	0.154	0.656

4.3　教师自我效能感量表

4.3.1　教师自我效能感的描述性统计分析

在教师问卷中，关于教师自我效能感量表的问题是"在教学中，您是否可以做到"。具体的量表内容如表 4.9 所示。因此，此处的教师自我效能感主要指教师在教学过程中对某种自己的行为感受到的效能感。该量表的题项均是采用 4 点尺度测量，在后续分析中"几乎不会做"赋值为 1,"偶尔会做"赋值为 2,"经常会做"赋值为 3,"总是这样做"赋值为 4,从而将每个测量题项都转化为定距变量。该量表包括 11 个题项,涵盖了教师自我效能感的多个方面,包括学生鼓励、教学评价行为等。

在表 4.10 中对教师自我效能感量表的每一个题项进行了描述性统计分析,分别汇报了样本量、均值、标准差、偏度和峰度。在 11 个题项中,Q18-1"让学生相信他们能够学好"、Q18-2"让学生意识到学习的价值"、Q18-5"激励学习积极性低的学生"、Q18-7"明确表达我对学生行为的期望"、Q18-8"给学生思考、讨论和表达的机会"的均值都较大,表明平均而言教师在课堂教学中更关注学生参与和让学生遵守纪律等;Q18-3"提出挑战性的问题"、Q18-11"使用信息技术辅助学生学习"的均值较小,说明教师在课堂教学中较少提出挑战性问题和使用信息技术辅助学生学习。从均值上可以观察到不同题目所测量的潜变量可能存在差异,需要进一步分析。

表 4.9 教师自我效能感量表

题号	题项	几乎不会做	偶尔会做	经常会做	总是这样做
Q18-1	让学生相信他们能够学好	—	—	—	—
Q18-2	让学生意识到学习的价值	—	—	—	—
Q18-3	提出挑战性的问题	—	—	—	—
Q18-4	注意培养学生的批判性思维	—	—	—	—
Q18-5	激励学习积极性低的学生	—	—	—	—
Q18-6	让学生遵守课堂纪律	—	—	—	—
Q18-7	明确表达我对学生行为的期望	—	—	—	—
Q18-8	给学生思考、讨论和表达的机会	—	—	—	—
Q18-9	使用多种教学策略	—	—	—	—
Q18-10	使用多种评价策略	—	—	—	—
Q18-11	使用信息技术辅助学生学习	—	—	—	—

表 4.10 教师自我效能感量表的描述性统计分析

题号	样本量	均值	标准差	偏度	峰度
Q18-1	542	3.378	0.529	0.048	1.941
Q18-2	542	3.354	0.561	-0.134	2.242
Q18-3	542	2.941	0.641	-0.074	2.778
Q18-4	542	2.976	0.661	-0.166	2.841
Q18-5	542	3.354	0.547	-0.048	2.179
Q18-6	542	3.164	0.779	-0.599	2.745
Q18-7	542	3.365	0.57	-0.269	2.618
Q18-8	542	3.402	0.541	-0.097	1.979
Q18-9	542	3.185	0.586	-0.056	2.676
Q18-10	542	2.941	0.693	-0.088	2.506
Q18-11	542	2.799	0.744	-0.091	2.565

4.3.2 教师自我效能感的探索性因子分析

由于教师自我效能感量表所包含的内容比较多,无法主观进行分类。因此采用探索性因子分析的方法对教师自我效能感量表进行分析。通过分析可以获知 KMO 等于 0.889,大于 0.7;Bartlett 的球形度检验的 p 值小于 0.05,各题项之间信息的重叠程度较高,适合采用因子分析的方法。表 4.11 汇报了教师自我效能感量表的特征值和方差贡献率,公因子 1、公因子 2 和公因子 3 的特征值分别是 5.232、1.308、1.027,均大于 1;同时三个公因子的累积方差贡献率达到 68.793%,说明提取三个公因子可以代替原量表 68.793%的信息量。通过分析特征值和方差贡献率,可以确认该量表适合提取 3 个公因子,从而教师自我效能感可以拆分为三个分量表。

表 4.11 教师自我效能感量表的特征值和方差贡献率

因子	初始特征值			旋转载荷平方和		
	总计	方差百分比	累积百分比	总计	方差百分比	累积百分比
1	5.232	47.563	47.563	2.670	24.275	24.275
2	1.308	11.895	59.458	2.617	23.790	48.066
3	1.027	9.335	68.793	2.280	20.727	68.793

续表

因子	初始特征值			旋转载荷平方和		
	总计	方差百分比	累积百分比	总计	方差百分比	累积百分比
4	0.681	6.193	74.986	—	—	—
5	0.542	4.923	79.909	—	—	—
6	0.498	4.532	84.441	—	—	—
7	0.471	4.278	88.719	—	—	—
8	0.356	3.241	91.960	—	—	—
9	0.316	2.871	94.830	—	—	—
10	0.290	2.632	97.462	—	—	—
11	0.279	2.538	100.000	—	—	—

为了进一步确定每个分量表的测量题项，将因子载荷阵进行Kaiser标准化最大方差法旋转，旋转后的因子载荷阵如表4.12所示。对于旋转后的因子载荷阵主要关注各个题项在每个因子的载荷，载荷较大即可归到该公因子之下。分析各个题项的因子载荷，可以发现Q18-1至Q18-4在公因子1上的载荷较大，根据四个题项的具体内容，可以将公因子1命名为"学生参与（效能感）"，因此学生参与（效能感）分量表由Q18-1至Q18-4四个题项组成；Q18-5至Q18-7在公因子2的载荷较大，根据题项的具体内容，可以将公因子2命名为"课堂管理（效能感）"，因此课堂管理（效能感）分量表由Q18-5至Q18-7三个题项组成；Q18-9至Q18-11在公因子3的载荷较大，根据题项的具体内容，可以将公因子3命名为"多元教学策略（效能感）"，因此多元教学策略（效能感）分量表由Q18-9至Q18-11三个题项组成。

Q18-8在三个公因子的因子载荷均低于0.6，因此不适合作为三个公因子的测量题项，将其删除之后，再次重复了上述探索性因子分析的过程，结果显示旋转后选取题项在相应公因子的因子载荷均大于0.6。

进一步计算量表信度：学生参与（效能感）分量表的克隆巴赫系数0.818；课堂管理（效能感）分量表的克隆巴赫系数为0.703；多元教学策略（效能感）的克隆巴赫系数为0.800，三个分量表的信度较好。

表 4.12 教师自我效能感量表旋转后的因子载荷阵

题号	公因子 1	公因子 2	公因子 3
Q18-1	0.611	0.551	0.074
Q18-2	0.638	0.499	0.128
Q18-3	0.816	0.034	0.306
Q18-4	0.738	0.089	0.368
Q18-5	0.371	0.650	0.209
Q18-6	−0.201	0.798	0.165
Q18-7	0.325	0.752	0.185
Q18-8	0.469	0.551	0.248
Q18-9	0.280	0.277	0.763
Q18-10	0.292	0.198	0.788
Q18-11	0.114	0.112	0.813

4.4 教师有效专业发展活动量表

4.4.1 教师有效专业发展活动描述性统计分析

在教师问卷中，关于教师有效专业发展活动量表的问题是"您参与的区教研活动是否包含下列内容？如果包含，频率有多高？"具体的量表内容如表 4.13 所示。该量表的题项均是采用 4 点尺度测量，在后续分析中"几乎不"赋值为 1，"每学期 1—2 次"赋值为 2，"每学期 3—4 次"赋值为 3，"每学期 5 次及以上"赋值为 4，从而将每个测量题项都转化为定距变量。

表 4.13 教师有效专业发展活动量表

题号	题项	几乎不	每学期 1—2 次	每学期 3—4 次	每学期 5 次及 以上
Q21-1	学科课程的整合与开发	—	—	—	—
Q21-2	学科核心知识、思想方法的理解	—	—	—	—

续表

题号	题项	几乎不	每学期1—2次	每学期3—4次	每学期5次及以上
Q21-3	学科教学关键问题的确定和解决	—	—	—	—
Q21-4	单元整体教学	—	—	—	—
Q21-5	深度学习活动的设计与实施	—	—	—	—
Q21-6	促进学习的持续性评价	—	—	—	—
Q21-7	中高考命题方向和命题思路	—	—	—	—
Q21-8	分析和使用学生评价数据	—	—	—	—

Darling-Hammond 等（2017）提炼出的有效教师专业发展的 7 个广泛共享特征，包括聚焦课程内容、融入主动学习、合作、使用有效的示范及模范、辅导和专家支持、提供反馈和反思、有持续性。表 4.13 的教师有效专业发展量表包括 8 个题项，涵盖了聚焦课程内容、融入主动学习、使用有效的示范及模范、专家指导和支持 4 项有效专业发展活动，根据 Darling-Hammond 等（2017）和魏易（2020）的已有研究：问卷中 Q21-1 "学科课程的整合与开发" 和 Q21-2 "对学科核心知识、思想方法的理解" 可归纳为聚焦课程内容专业发展活动；问卷中 Q21-7 "中高考命题方向和命题思路" 和 Q21-6 "促进学习的持续性评价" 可归纳为融入主动学习专业发展活动；问卷中 Q21-4 "单元整体教学" 和 Q21-8 "分析和使用学生评价数据" 可归纳为使用有效的示范及模范专业发展活动；问卷中 Q21-3 "学科教学关键问题的确定和解决" 和 Q21-5 "深度学习活动的设计与实施" 可归纳为提供专家指导和支持专业发展活动。

4.4.2 教师有效专业发展活动验证性因子分析

根据 Darling-Hammond 等（2017）的先验理论分析，同时考虑到每项有效教师发展活动只有 2 个测量题项，本研究尝试将四项有效教师发展活动构建为一个有效教师发展活动的二阶构面（潜变量）。图 4.1 呈现了 4 项有效教师发展活动的二阶验证性因子分析，报告的系数是标准化系数。分析每一个题项对于每一项教师专业发展活动测量模型的因素负荷量,其中 Q21-1 和 Q21-2 对聚焦课程内容的因素负荷量分别是 0.71 和 0.89,均大于 0.6;Q21-6 和 Q21-7 对融入主动学习的因素负荷量分别是 0.85 和 0.79,均大于 0.6;Q21-4 和 Q21-8 对使用有效的示范及模范的因素负荷量分别是 0.75 和 0.77,均大于 0.6;Q21-3 和 Q21-5 对专家指导和支持的因素负荷量分别是 0.88 和 0.84,均大于 0.6。从上述 4 个一阶构面的因素负荷量可以认为一阶构面的测量效果在可接受范围。

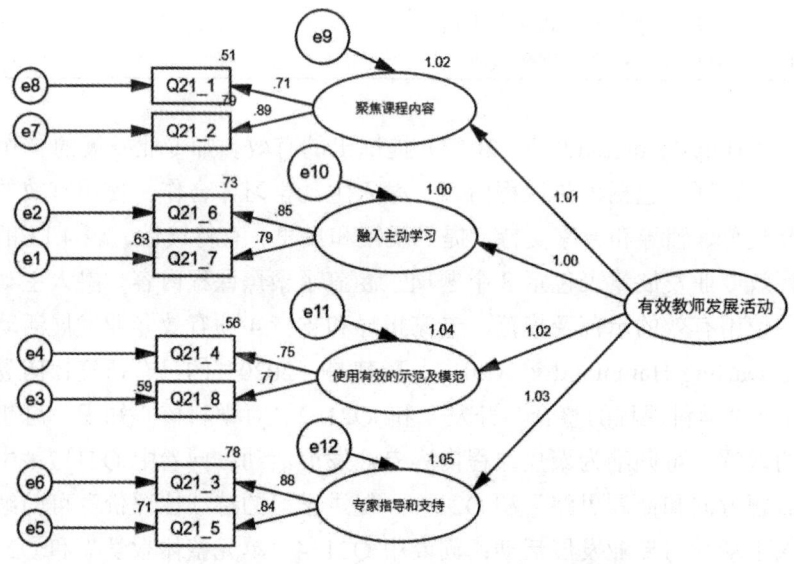

图 4.1 有效教师发展活动二阶验证性因子分析

进一步分析二阶验证性因子分析的适配度指标:x^2 (16) = 188.478;GFI = 0.891;AGFI = 0.755;CFI = 0.725;RMSEA = 0.141。一般认为 x^2 越小越好,x^2 除以自由度的数值在 5 以内,该二阶验证性因子分析的 x^2 除以自由度的数值大于 5;GFI、AGFI 和 CFI 一般应该大于 0.9,并且越大越好,该二阶验证性因子分析的 GFI、AGFI 和 CFI 均小于 0.9;RMSEA 一般应小于 0.08,该二阶验证性因子分析的 RMSEA 大于 0.08。根据 x^2、GFI、AGFI、CFI、RMSEA 等拟合指标的数值,该二阶验证性因子分析的结构效度较差,所有适配度指标均不在可接受的范围。

综上所述，有效教师发展活动不适合整合成一个二阶潜变量，4 项有效教师发展活动需要单独使用，考虑到 4 项有效教师发展活动的每个一阶构面只有 2 个测量题项，测量题项的数量少于 3 个，所以不适合单独进行对每一个一阶构面做验证性因子分析。同时，当测量题项少于 3 个的时候，需要谨慎在结构方程中使用。

4.5 教师学习共同体量表

4.5.1 教师学习共同体描述性统计分析

在教师问卷中，关于教师学习共同体量表的问题是"在本校，您是否经常参加下列活动"。具体的量表内容如表 4.14 所示。该量表的题项均是采用 4 点尺度测量，在后续分析中"从不"赋值为 1，"较少"赋值为 2，"有一些"赋值为 3，"很多"赋值为 4，从而将每个测量题项都转化为定距变量。

表 4.14　教师学习共同体测量量表

序号	题项	从不	较少	有一些	很多
Q19-1	校内听评课	—	—	—	—
Q19-2	集体备课	—	—	—	—
Q19-3	参与校本课程及其他教学辅助材料的开发	—	—	—	—
Q19-4	就教学中遇到的问题与同事进行研讨	—	—	—	—
Q19-5	与同事讨论某类学生的学业发展问题	—	—	—	—
Q19-6	与同事分享教学经验与资源	—	—	—	—
Q19-7	接受专家指导（包括教研员、大学教学专家等）	—	—	—	—

4.5.2 教师学习共同体验证性因子分析

根据表 4.14 的量表和学习共同体的相关研究，构建出教师学习共同体验证性因子分析 I[x^2 (14) = 98.79；GFI = 0.935；AGFI = 0.870；CFI =

0.665；RMSEA = 0.106］，图 4.2 中所报告的系数是标准化系数。分析每一个题项对于教师学习共同体测量模型的因素负荷量，其中 Q19-2、Q19-4、Q19-5、Q19-6 的因素负荷量分别是 0.76、0.72、0.70 和 0.77，均大于 0.6，测量效果较好；但是 Q19-1、Q19-3、Q19-7 的因素负荷量分别是 0.48、0.54、0.59 均小于 0.6，测量效果较差。同时根据 x^2、GFI、AGFI、CFI、RMSEA 等拟合指标的结果，该验证性因子分析的拟合效果也较差。因此保留 Q19-2、Q19-4、Q19-5、Q19-6 进行第二次验证性因子分析。

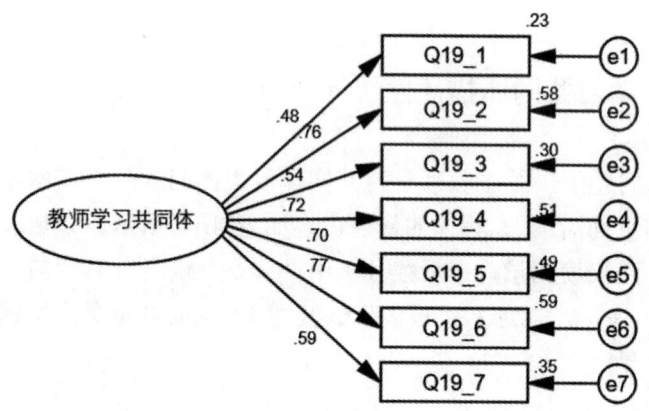

图 4.2　教师学习共同体验证性因子分析 I

图 4.3 是教师学习共同体验证性因子分析 II ［x^2 (2) = 13.938；GFI = 0.970；AGFI = 0.851；CFI = 0.916；RMSEA = 0.105］，图 4.3 中所报告的系数是标准化系数。分析每一个题项对于教师学习共同体测量模型的因素负荷量，其中 Q19-2、Q19-4、Q19-5、Q19-6 的因素负荷量分别是 0.60、0.75、0.66 和 0.83，均大于 0.6，测量效果较好。进一步分析 x^2、GFI、AGFI、CFI、RMSEA 等拟合指标的结果，虽然 x^2 除以自由度、RMSEA 等依旧不在最佳范围内，但是与最佳范围已经比较接近。考虑到本问卷的调查对象包括语文、数学、化学三个科目的教师，不同学科教师之间可能存在差异；进一步分析测量题项的真实含义相对明确。综合考虑上述验证性因子分析的结果和实际情况，最终确定教师学习共同体的测量指标由 Q19-2、Q19-4、Q19-5、Q19-6 四个题项组成。

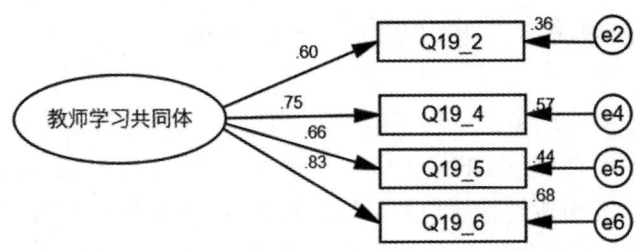

图 4.3　教师学习共同体验证性因子分析 II

4.6　教师未来发展机会量表

4.6.1　教师未来发展机会描述性统计分析

在教师问卷中，关于教师未来发展机会量表的问题是"请选择以下描述是否符合您的情况"。具体的量表内容如表 4.15 所示。该量表的题项均是采用 5 点尺度测量，在后续分析中"完全不符合"赋值为 1，"不太符合"赋值为 2，"不确定"赋值为 3，"基本符合"赋值为 4，"完全符合"赋值为 5，从而将每个测量题项都转化为定距变量。

表 4.15　教师未来发展机会测量量表

序号	题项	完全不符合	不太符合	不确定	基本符合	完全符合
Q44-1	未来 5 年，我有明确的职业发展规划	—	—	—	—	—
Q44-2	我在本校有很好的专业发展机会	—	—	—	—	—
Q44-3	我确信在未来几年有晋升和发展的机会	—	—	—	—	—
Q44-4	学校有一套合理的工作表现评分机制	—	—	—	—	—
Q44-5	学校对教师工作进行考核以促进教师专业发展为目的	—	—	—	—	—

4.6.2 教师未来发展机会验证性因子分析

根据表 4.15 的量表，构建出图 4.4 的教师未来发展机会验证性因子分析 I[x^2 (5) = 42.541；GFI = 0.924；AGFI = 0.771；CFI = 0.798；RMSEA = 0.118]，图 4.4 中所报告的系数是标准化系数。分析每一个题项对于教师未来发展机会测量模型的因素负荷量，其中 Q44-1 至 Q44-5 五个题项的因素负荷量分别是 0.69、0.83、0.72、0.89 和 0.88，均大于 0.6，测量效果较好。根据 x^2、GFI、AGFI、CFI、RMSEA 等拟合指标的结果，验证性因子分析的拟合效果一般。因此需要继续修正教师未来发展机会潜变量的测量题项，将因素负荷量最小的 Q44-1 删除，继续进行验证性因子分析，如图 4.5 所示。在教师未来发展机会验证性因子分析 II 中因素负荷量分别是 0.81、0.65、0.92、0.88，均大于 0.6，测量效果可以接受。但是拟合指标[x^2 (2) = 27.425；GFI = 0.944；AGFI = 0.722；CFI = 0.861；RMSEA = 0.153]依旧一般，因此继续对该测量模型进行修正，将因素负荷量最小的 Q44-3 删除，继续进行验证性因子分析，如图 4.6 所示。在教师未来发展机会验证性因子分析 III 中因素负荷量分别是 0.73、0.92、0.89，测量效果较好，另外由于一个构面最少需要 3 个测量题项，此时测量模型是恰好识别，因此没有拟合指标。

综合上述验证性因子分析的结果，最终教师未来发展机会的测量指标由 Q44-2、Q44-4、Q44-5 三个题项组成。

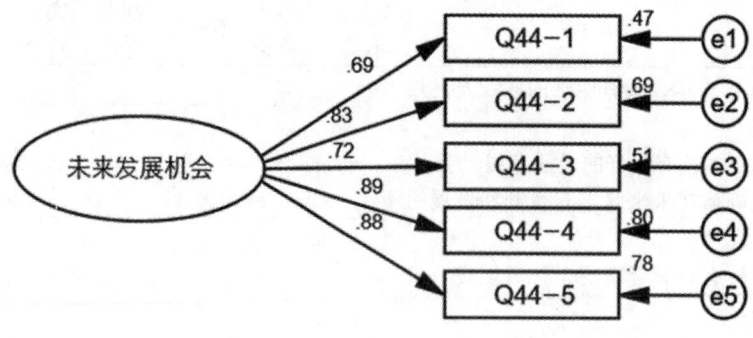

图 4.4 教师未来发展机会验证性因子分析 I

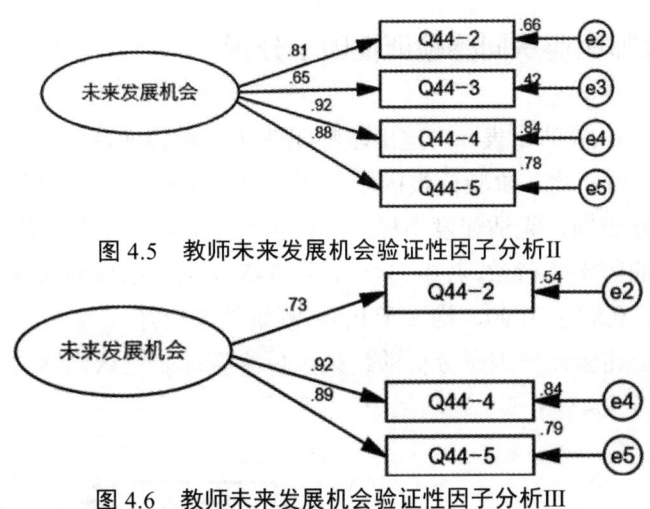

图 4.5　教师未来发展机会验证性因子分析Ⅱ

图 4.6　教师未来发展机会验证性因子分析Ⅲ

4.7　教师职业认同感量表

4.7.1　教师职业认同感描述性统计分析

在教师问卷中,关于教师职业认同感量表的问题是"请选择以下描述是否符合您的情况"。具体的量表内容如表 4.16 所示。该量表的题项均是采用 5 点尺度测量,在后续分析中"完全不符合"赋值为 1,"不太符合"赋值为 2,"不确定"赋值为 3,"基本符合"赋值为 4,"完全符合"赋值为 5,从而将每个测量题项都转化为定距变量。

表 4.16　教师职业认同感测量量表

序号	题项	完全不符合	不太符合	不确定	基本符合	完全符合
Q45-1	我的工作很有成就感	—	—	—	—	—
Q45-2	我觉得学校领导会认可我现在的工作	—	—	—	—	—
Q45-3	我感觉自己的能力在工作上能得到充分的发挥和认可	—	—	—	—	—

4.7.2 教师职业认同感验证性因子分析

根据表 4.16 的量表，构建出教师职业认同感验证性因子分析，如图 4.7 所示。由于此一阶验证性因子分析只有三个指标进行测量，因此测量模型恰好识别，无适配度指标。分析每一个题项对于教师职业认同感测量模型的因素负荷量，其中 Q45-1 至 Q45-3 三个题项的因素负荷量分别是 0.72、0.87 和 0.90，均大于 0.6，测量效果较好。

综合上述验证性因子分析的结果，最终教师职业认同感的测量指标由 Q45-1 至 Q45-3 三个题项组成。

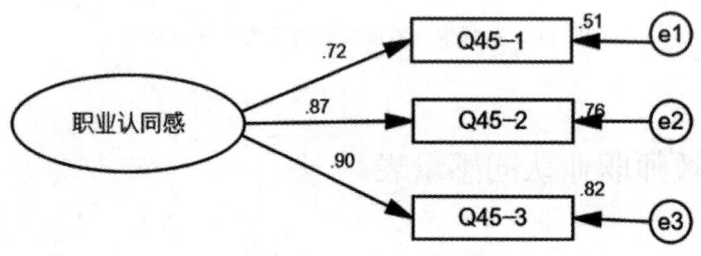

图 4.7　教师职业认同感验证性因子分析

4.8　教师倦怠感量表

4.8.1 教师倦怠感描述性统计分析

在教师问卷中，关于教师倦怠感量表的问题是"请选择以下描述是否符合您的情况"，具体的量表内容如表 4.17 所示。该量表的题项均是采用 5 点尺度测量，在后续分析中"完全不符合"赋值为 1，"不太符合"赋值为 2，"不确定"赋值为 3，"基本符合"赋值为 4，"完全符合"赋值为 5，从而将每个测量题项都转化为定距变量。

表 4.17　教师倦怠感测量量表

序号	题项	完全不符合	不太符合	不确定	基本符合	完全符合
Q47-1	我能有效地解决工作中出现的问题	—	—	—	—	—
Q47-2	我能很好地完成各项工作任务	—	—	—	—	—
Q47-3	我与学生在一起是愉快的	—	—	—	—	—

4.8.2　教师倦怠感验证性因子分析

根据表 4.17 的量表，构建出教师倦怠感验证性因子分析，如图 4.8 所示。由于此一阶验证性因子分析只有三个指标进行测量，因此测量模型恰好识别，无适配度指标。分析每一个题项对于教师倦怠感测量模型的因素负荷量，其中 Q47-1 至 Q47-3 三个题项的因素负荷量分别是 0.90、0.86 和 0.72，均大于 0.6，测量效果较好。

综合上述验证性因子分析的结果，最终教师倦怠感的测量指标由 Q47-1 至 Q47-3 三个题项组成。

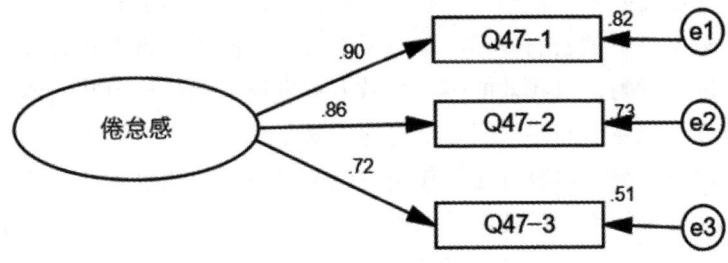

图 4.8　教师倦怠感验证性因子分析

4.9 本章小结

4.9.1 量表的信效度

在前述分析中验证分析了各量表的信效度，对于教师职前准备、课堂行为、自我效能感三个总量表分拆出的分量表进行了信度检验：内容知识分量表的克隆巴赫系数 0.943；教学知识量表的克隆巴赫系数为 0.921；课堂组织分量表的克隆巴赫系数 0.797；认知激活分量表的克隆巴赫系数为 0.794；学生参与（效能感）分量表的克隆巴赫系数 0.818；课堂管理（效能感）分量表的克隆巴赫系数为 0.703；多元教学策略（效能感）的克隆巴赫系数为 0.800。所有分量表的信度均较好。对于教师专业发展（有效专业发展活动和学习共同体两个量表）、学校支持（教师未来发展机会、职业认同感、职业倦怠感三个量表）在验证性因子分析的过程中已经检验了结构效度，此处不再赘述。

4.9.2 本章的作用

本章是实证分析教师行为和学校支持如何影响学生成绩之前的准备章节。根据每个量表的特点，本章采取合适的因子分析方式对教师职前准备、课堂行为、自我效能感、有效专业发展活动、学习共同体、未来发展机会、职业认同感、职业倦怠感等 8 个量表的可靠性进行了分类和验证。本章的分析内容有如下作用：（1）通过量表的描述性统计分析，可以获知教师行为和学校支持的侧重点；（2）在后续的第七章、第八章中，可计算每个量表的总分和标准化得分，用于多层线性回归分析和 OLS 回归。

第五章 学校和教师对学生成绩的整体作用

本章采用多层线性回归结合增值模型估计学校和教师对学生成绩的整体作用，根据学校层面和教师层面的完整模型相对于零模型的变化，可以计算出学校之间和教师之间的增值差异。同时，本章利用增值模型计算出学校和教师的增值分数，将增值性评价的分数与一次性终结考试的均值评价分数的标准分进行对比。

5.1 学校对学生成绩的整体作用

5.1.1 计量模型设定

基于学生成绩数据分析不同学校对于学生成绩总体增值效应的评估，根据学生嵌套于学校的数据结构，可以建立学校和学生的两层模型，将学生一模成绩的变异分为学校内的变异和学校之间的变异，模型如下：

$$层一：Q_{is} = \beta_{0s} + \gamma_{is}$$
$$层二：\beta_{0s} = \gamma_{00} + \mu_{0s} \quad （模型\ 5.1）$$

该模型的层一是学生个人，层二是学校。其中层一的 Q_{is} 为学校 s 的学生 i 的一模成绩，γ_{is} 是残差，β_{0s} 表示在学校层面采用随机截距。层二中对 β_{0s} 的估计仅包括常数项和残差项。

进一步，基于增值评价模型，在模型 5.1 的层一中逐步控制学生个体因素和学校因素，可以构建出完整计量模型如下所示：

层一：$Q_{is} = \beta_{0s} + \beta_{1s}Q_{is-1} + \beta_{2s}X_{isstudent} + \gamma_{is}$

层二：$\beta_{0s} = \gamma_{00} + \gamma_{01}X_{isschool} + \mu_{0s}, \beta_{1s} = \gamma_{10}, \beta_{2s} = \gamma_{20}, \beta_{3s} = \gamma_{30}$

（模型 5.2）

模型 5.2 在模型 5.1 的基础上加入学生层面的控制变量，其中 A_{ist-1} 为该学生的中考成绩；$X_{isstudent}$ 是该学生的控制变量，包括毕业年份和文理科分类；$X_{isschool}$ 是学校层面的控制变量。

5.1.2 整体差异

表 5.1 是根据零模型估计的学科一模成绩的校际差异。var(_cons)和 var(Residual)是随机效果，其中 var(_cons)表示随机截距的误差项，var(Residual)表示残差。var(_cons)和 var(Residual)可以共同计算层级之间的关联度，分解因变量的变异，即表 5.1 中 ICC 的数值。以表 5.1 中的语文学科成绩估计结果为例，0.566/(0.566+0.619)=0.478，与 ICC 的数值相同，表明因变量大约 47.8%的变异可以分解到学校层次。同理，数学学科的一模成绩 57.5%来源于校际差异；化学学科一模成绩 62.0%来源于校际差异。chibar2 表示 LR 检验估计的变异成分是否不等于 0，如果不显著，则表示该估计模型不适用。

表 5.1 学生成绩的校际差异（零模型）

项目	语文		数学		化学	
	估计值	标准误	估计值	标准误	估计值	标准误
var(_cons)	0.566	0.105	0.691	0.128	0.819	0.151
var(Residual)	0.619	0.004	0.511	0.004	0.502	0.004
ICC	0.478	0.046	0.575	0.045	0.620	0.044
chibar2(01)	***		***		***	
样本量	41770		41756		31275	

注：*、**、***分别代表 10%、5%、1%显著性水平上显著。

在零模型中加入学生的中考成绩，在控制了学生的入口成绩之后，学校之间的变异情况即为增值模型 I 的估计结果，如表 5.2 所示。在增值模型 I 中，新加入的标准化中考成绩对于一模的该学科成绩均具有显著的正向影响：对于一模语文成绩而言，中考语文成绩每增加一个标准差，一模语文成绩将会显著增加 0.311 个标准差；中考数学成绩每增加一个标准差，一模数学成绩将会显著增加 0.355 个标准差；中考化学成绩每增加一个标准差，一模化学成绩将会显著增加 0.241 个标准差。整体而言，数学科目的入口成绩对于出口成绩的影响最大，化学科目的影响最小。

相对于零模型，增值模型 I 的一模语文成绩 ICC 为 0.347，即加入中考语文成绩之后，一模语文成绩的校际差异从 47.8%降低到 34.7%，减少 13.1%；同理，一模数学成绩和一模化学成绩的校际差异分别减少 15.7%和 11.5%。由此可见，入口成绩对于校际差异的影响较大，采用增值模型更符合实际情况，在学生层面控制入口成绩才能正确估计其他因素对于学生成绩的影响。

由于采用相同的研究数据，上述零模型和增值模型 I 的计算方法和计算结果与魏易（2020）学校增值评估部分的计算结果一致。在此基础上，本研究进行了进一步的探索和深入分析。

表 5.2 学生成绩的校际差异（增值模型 I）

项目	语文		数学		化学	
	估计值	标准误	估计值	标准误	估计值	标准误
中考成绩	0.311***	0.005	0.355***	0.005	0.241***	0.006
var(_cons)	0.279	0.052	0.303	0.056	0.458	0.085
var(Residual)	0.525	0.004	0.421	0.003	0.449	0.004
ICC	0.347	0.042	0.418	0.045	0.505	0.047
chibar2(01)	***		***		***	
样本量	33248		33237		24745	

注：*、**、***分别代表10%、5%、1%显著性水平上显著。

增值模型 I 相对于零模型，其学校间的变异即是学校对于学生成绩的增值，可以称为学校增值或学校效能。学校增值可能为正，也可能为负。如果是正的学校增值，代表学校对于学生成绩起到促进作用，同理如果是负的学校增值则起到相反的作用。

但是，根据增值模型 I 和零模型计算而出的学校增值，实际上携带有大量的干扰因素，理想的情况下应该分别控制学生个体特征和学校资源环境特征。学生个体特征包括性别、年龄等个人特征,也包括父母受教育程度、职业、收入等反映家庭社会经济背景的因素,通常根据学生问卷获得相关数据。学校资源环境特征包括学校规模、基础设施等事业和经费投入数据,也包括环境、氛围和管理等数据,通常根据校长问卷获得相关数据。

由于客观现实原因,已经毕业的高三学生难以追踪调查,本研究没有收集学生问卷,因此学生的个人和家庭信息较少,但是考虑到应尽可能控制已知的学生层面的因素,本研究控制了学生的毕业年份、文理科两个变量,进一步计算出增值模型Ⅱ,结果如表 5.3 所示。对于一模语文成绩,文理科之间有显著差异,理科生相对于文科生低 0.252 个标准差;同时 2019 年毕业的高三学生相对于 2016 年毕业的高三学生具有显著差异。对于一模数学成绩,文理科之间也存在显著差异,同时 2017—2019 年毕业的高三学生相对于 2016 年毕业的高三学生有显著差异。因为化学只有理科生才有成绩,因此不需要控制文理科虚拟变量,对于一模化学成绩,2019 年毕业的高三学生相对于 2016 年毕业的高三学生有显著差异。综合上述结果,可以认为在学生层面控制文理科、毕业年份是有必要的。

表 5.3 学生成绩的校际差异(增值模型Ⅱ)

项目	语文		数学		化学	
	估计值	标准误	估计值	标准误	估计值	标准误
中考成绩	0.285***	0.005	0.320***	0.005	0.238***	0.006
文理科(文科=0)						
理科	−0.252***	0.010	−0.258***	0.009		
毕业年份(2016 年=0)						
2017	0.013	0.011	0.026**	0.010	0.009	0.012
2018	0.007	0.011	0.025**	0.010	0.013	0.012
2019	−0.066***	0.011	−0.070***	0.010	−0.086***	0.012
var(_cons)	0.335	0.062	0.374	0.069	0.467	0.087
var(Residual)	0.513	0.004	0.409	0.003	0.448	0.004
ICC	0.395	0.045	0.478	0.046	0.511	0.047
chibar2	***		***		***	
样本量	33248		33237		24745	

注:*、**、***分别代表 10%、5%、1%显著性水平上显著。

关于学校资源环境数据，本研究采用收集客观数据的方式代替，包括硬件条件（学校类别）、软件条件（社会关注度）。在加入学校资源环境因素作为控制变量之后，构建出增值模型Ⅲ，如表 5.4 所示。表 5.4 汇报了控制学生个人层面信息和学校层面信息的学生成绩的校际差异分析。根据回归结果可以发现社会关注度对于学生成绩没有显著影响；学校类别对于学生成绩有显著影响，随着类别数值变大，即学校整体质量变差，学生成绩降低。对于语文科目，四类学校相对于一类学校的学生成绩低 1.272 个标准差（-0.424×3=-1.272），同理数学和化学科目，四类学校相对于一类学校的学生成绩分别低 1.413 个和 1.677 个标准差。但是必须认识到，此处的学校类别是根据学校的优劣进行的分类，而非一种制度性安排，因此仅可在一定程度上代表学校的硬件资源，不能解读为制度性安排导致的学校差异。

表 5.4 学生成绩的校际差异（增值模型Ⅲ）

项目	（1）语文	（2）数学	（3）化学
中考成绩	0.269***	0.299***	0.226***
	(0.005)	(0.005)	(0.006)
文理科（文科=0）			
理科	-0.255***	-0.249***	—
	(0.010)	(0.009)	
毕业年份（2016 年=0）			
2017	0.002	0.017*	0.013
	(0.012)	(0.010)	(0.013)
2018	0.007	0.029***	0.023*
	(0.012)	(0.010)	(0.012)
2019	-0.073***	-0.084***	-0.083***
	(0.012)	(0.010)	(0.012)
学校类别	-0.424***	-0.471***	-0.559***
	(0.044)	(0.053)	(0.054)

续表

项目	（1） 语文	（2） 数学	（3） 化学
社会关注度	0.071	0.059	0.060
	(0.050)	(0.060)	(0.061)
常数项	0.833**	0.988**	0.925**
	(0.323)	(0.390)	(0.397)
var(_cons)	0.061	0.089	0.092
	(0.013)	(0.019)	(0.020)
var(Residual)	0.490	0.383	0.426
	(0.004)	(0.003)	(0.004)
ICC	0.110	0.189	0.177
	(0.022)	(0.033)	(0.032)
样本量	29198	29190	22414
chibar2(01)	***	***	***

注：括号内为标准误；*、**、***分别代表10%、5%、1%显著性水平上显著。

在控制了学生入口成绩、个人特征和学校资源环境因素之后，学生成绩的校际差异进一步大幅降低，语文、数学和化学科目的校际差异分别是11%、18.9%、17.7%，依旧是数学科目的校际差异最大。

利用增值模型Ⅲ与零模型之间的关系，可以计算出学校增值的数值和排序。由于学校层面的部分变量存在缺失值，考虑到社会关注度存在缺失，并对学生成绩没有显著影响，因此计算学校增值分数时未纳入社会关注度作为控制变量。学校的增值分数和排序如附录C所示。附录C的三个表格中报告的增值评价是2016—2019年四年平均增值；标准分是2016—2019年四年标准分的平均值。

对于语文科目，增值估计最低的是代码为z088的学校，增值分数为-0.802；而增值估计最高的是代码为z062的学校，增值分数为0.870，最高与最低的学校之间相差1.672个标准差。同时，标准分最低的是代码为z088的学校，标准分为-2.170；而标准分最高的是代码为z077的学校，标准分为0.879，最高与最低的学校之间相差3.049个标准差。

对于数学科目，增值估计最低的是代码为z088的学校，增值分数为-0.761；而增值估计最高的是代码为 z062 的学校，增值分数为 0.942，最高与最低的学校之间相差 1.703 个标准差。同时，标准分最低的是代码为 z088 的学校，标准分为-2.400；而标准分最高的是代码为 z077 的学校，标准分为 0.989，最高与最低的学校之间相差 3.389 个标准差。

对于化学科目，增值估计最低的是代码为 z015 的学校，增值分数为-0.602；而增值估计最高的是代码为 z062 的学校，增值分数为 0.932，最高与最低的学校之间相差 1.534 个标准差。同时，标准分最低的是代码为 z088 的学校，标准分为-2.418；而标准分最高的是代码为 z038 的学校，标准分为 0.837，最高与最低的学校之间相差 3.255 个标准差。

综上所述，对于所有科目，各学校之间增值分数的差异小于标准分的差异，增值最高与最低的学校相差 1.5—1.7 个标准差，而采用平均出口成绩标准分的方式，最好与最差的学校之间相差 3—3.4 个标准差。

采用增值估计的方法与采用平均成绩的方法得出的结果相关性或差异如何？表 5.5 显示本研究根据海淀区 59 所高中学校的一模成绩得出的增值分数与平均成绩之间存在着显著的正相关关系，相关系数大约在 0.5 左右，中度显著相关。从相关系数的角度而言一模平均分较高的学校给学生的增值成绩带来的正向影响也相对较高。本研究进一步计算了不受样本量影响的效应量 Cohen's d 和 Hedges's g，用来比较增值估计分数和平均成绩标准分的分布是否一致，以 Cohen's d 为例，语文和数学科目效应量 Cohen's d 的数值在 0.6 以上，属于中效应量；化学的 Cohen's d 的数值在 0.8 以上，属于大效应量，说明增值估计和均值标准分之间的分布差异程度较大。

表 5.5 增值评价分数与标准分之间的相关系数和效应量

科目	相关系数	Cohen's d			Hedges's g		
		估计值	置信区间		估计值	置信区间	
语文	0.543***	0.687	0.314	1.057	0.682	0.312	1.050
数学	0.545***	0.683	0.310	1.053	0.678	0.308	1.046
化学	0.510***	0.855	0.476	1.230	0.849	0.473	1.222

注：*、**、***分别代表 10%、5%、1%显著性水平上显著；Cohen's d 和 Hedges's g 的置信区间为 95%。

图 5.1、图 5.2、图 5.3 分别绘制了语文、数学、化学三个科目增值评价与标准分的比较图。从图中还可以发现，一部分学校标准分在平均水平之下的学校，对学生成绩增值带来的影响在平均水平之上。例如语文科目中代码为 z069 的学校的标准分低于 0，而相应的学校增估计则要高于 0；数学科目中代码为 z023 的学校的标准分低于 0，而相应的学校增估计则要高于 0，这一类学校为学生带来了相对于单纯的出口成绩排名来看更高的增值影响。当然也有部分学校的标准分在平均水平之上，而对学生成绩增值带来的影响在平均水平之下，例如语文科目中的 z038、z008、z075，这一类学校虽然表面看起来出口成绩在平均水平以上，但是增值效果却是负的。

另外，需要特别注意的是，采用不同科目的成绩评估学校效能得出的结论不一致。在表 5.4 中，即使在控制了入口的中考成绩和学校的资源环境条件之后，不同学科的校际差异依旧比较大，校际差异从大到小依次是数学（18.9%）、化学（17.7%）、语文（11%）。化学和数学这类理科性质的科目，学校的增值效果会更强，而语文的增值效果相对较弱。数学相对于语文，校际差异多 7.7%。

在图 5.1 至图 5.3 中，学校在不同学科的效能排名也不完全一样，语文科目增值前三的学校分别是 z062、z069、z098；倒数三名分别是 z065、z041、z088。数学增值前三的学校分别是 z062、z096、z098；倒数三名分别是 z021、z041、z088。化学增值前三的学校分别 z062、z096、z098；倒数三名分别是 z059、z041、z105。三个科目增值前三名的学校大部分重复，但是不完全一样，同时这三个学校在海淀区官方的分类中仅是比较一般的三类和四类高中，与普遍的社会认知和口碑有较大的差异；三个科目增值倒数三名的学校存在一定差异，但是 z041 在三个科目中表现均较差。

通过上述分析可以发现在评价一所学校的效能时，如果以某一科目的成绩作为依据并不合理，因为科目的选择会影响最终的排名顺序，不同科目之间的排名顺序虽然相关性较高，但是难以呈现出一致性。

第五章 学校和教师对学生成绩的整体作用

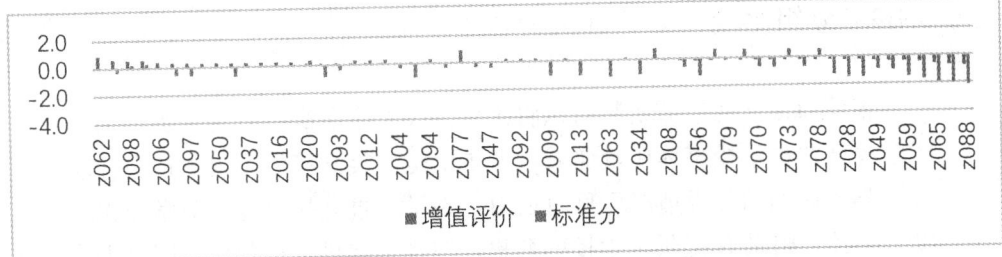

图 5.1　增值评价与均值标准分的比较（语文）

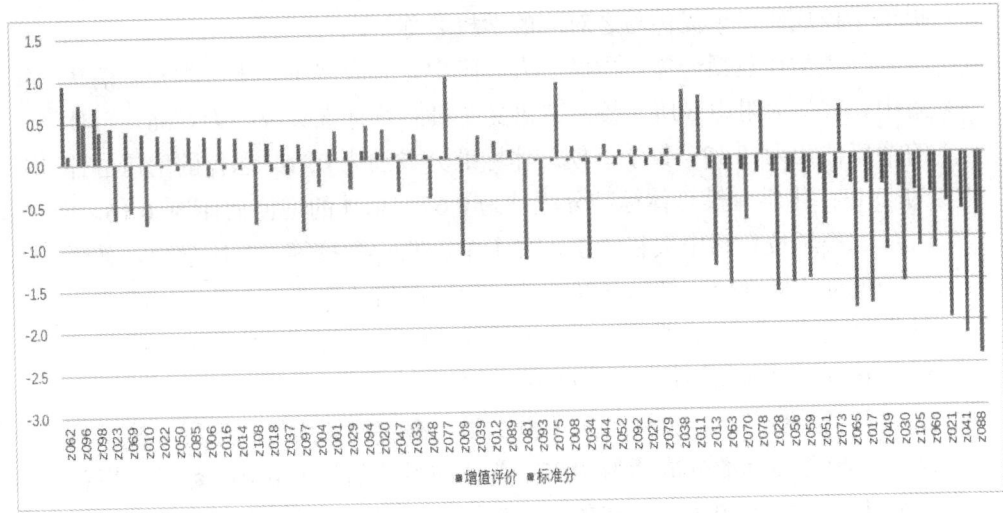

图 5.2　增值评价与均值标准分的比较（数学）

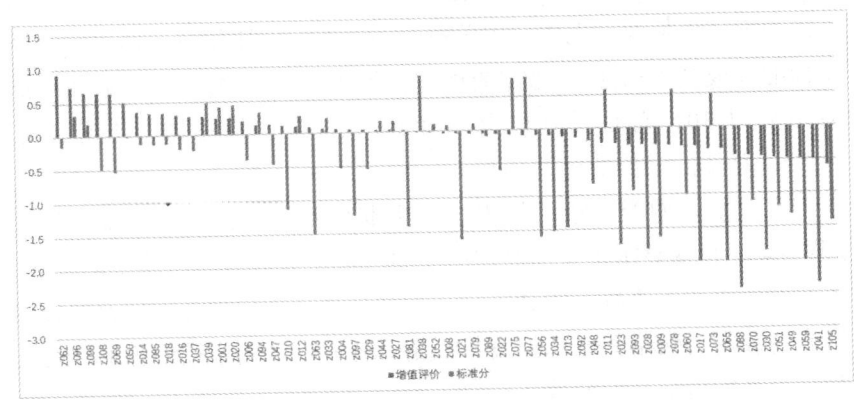

图 5.3　增值评价与均值标准分的比较（化学）

5.1.3 分组比较

根据海淀区的官方资料可以将区内的 60 余所高中分为四类，从一类学校到四类学校整体质量递减。表 5.6 是四类学校的增值估计和标准分，学校详细的分类情况可见附录 B。为了更直观显示每一类学校包括哪些学校，附录 B 提供了学校的名称，但是未提供学校代码；同时为了遵循学术研究规范和保护学校的具体信息，在其他章节的研究分析中仅提供学校代码，未提供与之对应的学校名称。

一类学校包括一零一中学、人大附中、北大附中、十一学校、清华附中、首师大附中 6 所学校，其语文一模总体标准分成绩为 0.66，总体的增值估计为-0.13；数学一模总体标准分成绩为 0.76，总体的增值估计为-0.13；化学一模总体标准分成绩为 0.67，总体的增值估计为-0.16。

二类学校包括中关村中学、二十中、八一学校等 13 所学校，其语文一模总体标准分成绩为 0.20，总体的增值估计为 0.01；数学一模总体标准分成绩为 0.21，总体的增值估计为-0.004；化学一模总体标准分成绩为 0.21，总体的增值估计为 0.07。

三类学校包括十九中、玉渊潭中学、海淀实验中等 20 所学校，其语文一模总体标准分成绩为-0.32，总体的增值估计为 0.10；数学一模总体标准分成绩为-0.34，总体的增值估计为 0.12；化学一模总体标准分成绩为-0.53，总体的增值估计为 0.06。

四类学校包括四十七中、中关村外国语等 20 所学校，其语文一模总体标准分成绩为-1.17，总体的增值估计为-0.07；数学一模总体标准分成绩为-1.30，总体的增值分为-0.08；化学一模总体标准分成绩为-1.52，总体的增值估计为-0.05。

综上分析，四类学校的组内平均标准分和增值估计的结果差异较大。图 5.4 更直观显示了不同类别的高中增值估计分数和平均分的区别，其中一类学校作为"好"的高中，其标准分最高，但是增值估计的分数在语文、数学、化学三科均为负数；相对而言，三类学校的标准分均为负数，但是增值估计的分数是正数。

第五章 学校和教师对学生成绩的整体作用 | 95

表 5.6 四类学校的增值估计和标准分

科目	学校类别	学校数量	标准分				增值估计			
			Mean	Std. Dev.	Min	Max	Mean	Std. Dev.	Min	Max
语文	一类	6	0.67	0.13	0.55	0.88	-0.13	0.11	-0.23	0.05
	二类	13	0.20	0.12	0.00	0.37	0.01	0.09	-0.17	0.14
	三类	20	-0.32	0.37	-1.03	0.30	0.10	0.28	-0.39	0.56
	四类	20	-1.17	0.57	-2.17	0.04	-0.07	0.43	-0.80	0.87
数学	一类	6	0.76	0.16	0.58	0.99	-0.13	0.12	-0.30	0.04
	二类	13	0.21	0.12	0.08	0.42	-0.004	0.09	-0.11	0.15
	三类	20	-0.34	0.47	-1.15	0.50	0.12	0.33	-0.48	0.71
	四类	20	-1.30	0.61	-2.40	0.11	-0.08	0.42	-0.76	0.94
化学	一类	6	0.67	0.14	0.49	0.84	-0.16	0.13	-0.33	-0.01
	二类	13	0.21	0.17	-0.09	0.48	0.07	0.13	-0.14	0.28
	三类	20	-0.53	0.51	-1.43	0.32	0.06	0.40	-0.60	0.74
	四类	20	-1.52	0.59	-2.42	-0.15	-0.05	0.40	-0.51	0.93

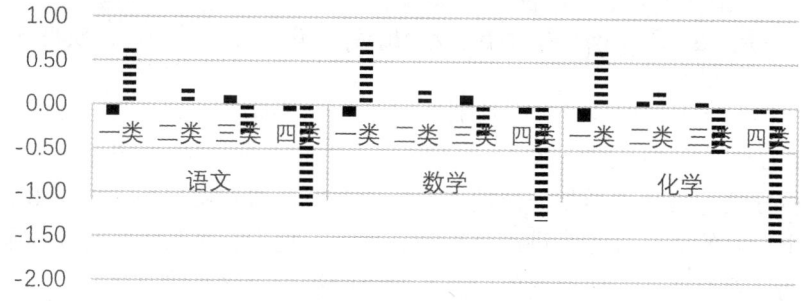

图 5.4 增值评价与标准分的分类比较

5.2 教师对学生成绩的整体作用

5.2.1 计量模型设定

基于学生成绩数据分析不同教师对于学生成绩总体增值效应的评估，根据学生嵌套于任课教师的数据结构，可以建立教师和学生的两层零模型，将学生一模成绩的变异分为任课教师内①的变异和教师之间的变异，模型如下：

$$层一：Q_{ij} = \beta_{0j} + \gamma_{ij}$$

$$层二：\beta_{0j} = \gamma_{00} + \mu_{0j} \quad （模型5.3）$$

该模型的层一是学生个人，层二是教师。其中层一的 Q_{ij} 为教师 j 所带的学生 i 的出口成绩，γ_{ij} 是残差，β_{0j} 表示在教师层面采用随机截距。层二中对 β_{0j} 的估计，仅包括常数项和残差项。

进一步，在模型5.3的层一中控制学生个体因素，可以构建出完整计量模型如下所示：

$$层一：Q_{ij} = \beta_{0j} + \beta_{1j}Q_{ij-1} + \beta_{2j}X_{ijyear} + \beta_{3j}X_{ijtrack} + \gamma_{ij}$$

$$层二：\beta_{0j} = \gamma_{00} + \mu_{0j}, \beta_{1j} = \gamma_{10}, \beta_{2j} = \gamma_{20}, \beta_{3j} = \gamma_{30} \quad （模型5.4）$$

模型5.4在模型5.3的基础上加入学生层面的控制变量，包括 A_{ist-1} 为该学生的基线成绩，X_{ijyear} 是该学生的毕业年份，$X_{ijtrack}$ 是该学生的文理科分类。构建了学生—教师两层线性模型，教师层采用了随机截距、固定斜率的估计方法。进而分语文、数学、化学三个科目估计不同教师之间是否存在学生成绩增值差异，此处的增值差异是"打包"的教师增值差异。

根据上述学生—教师两层线性模型计算出的"打包"的教师增值差异，未考虑学校的作用，如果进一步考虑不同学校存在差异，可加入学校固定效应作为控制变量。学校固定效应模型可以排除学校层面的干扰因素，相对于学校随机效应模型更合适在此应用。

5.2.2 整体差异

表5.7是根据零模型估计的学科一模成绩的教师差异。var(_cons)和

---

① "任课教师内"和"任课教师间"的概念，与已有研究中"班级内"和"班级间"的概念内涵类似，但是不完全一样，同一教师如果只教授一个班级的课程，两个概念即完全一致；同一教师如果教授两个或以上班级，则"任课教师"的范围大于传统研究中的"班级"。

var(Residual)是随机效果，其中 var(_cons)表示随机截距的误差项，var(Residual)表示残差。对于语文科目，一模成绩大约43.1%的变异可以分解到教师层次；数学科目的一模成绩58.8%来源于教师差异；化学科目一模成绩57.8%来源于教师差异。

表5.7 学生成绩的教师差异（零模型）

项目	语文		数学		化学	
	估计值	标准误	估计值	标准误	估计值	标准误
var(_cons)	0.422	0.044	0.632	0.062	0.647	0.082
var(Residual)	0.557	0.007	0.443	0.005	0.472	0.007
ICC	0.431	0.026	0.588	0.024	0.578	0.031
chibar2(01)	***		***		***	
样本量	14206		15572		9898	

在零模型的基础上，进一步控制学生层面的变量。表 5.8 是控制了学生中考成绩、文理科和毕业年份之后，学生—教师两层线性模型的回归结果。教师层采用了随机截距的估计方法，估计结果显示对于语文学科的一模成绩而言，来自不同教师带来的差异有 35.3%；对于数学学科的一模成绩而言，来自不同教师带来的差异有 47.0%；对于化学学科的一模成绩而言，来自不同教师带来的差异有 47.3%。相对于零模型，在考虑增值模型和控制了学生层面的个体因素之后，语文、数学、化学科目的教师差异分别降低 7.8%、11.8%、10.5%。

综上所述，三个学科的成绩均存在较大的教师带来的差异，而且不同的化学教师带来的学生成绩增值差异略高于不同的数学老师；并且大幅高于不同的语文教师带来的学生成绩增值差异。同时 chibar2（01）的检验值在 1%显著性水平上显著，因此可以确认学生成绩的差异受到教师层面的影响。

进一步考虑学校固定效应，构建出增值模型Ⅱ。表 5.9 汇报了控制学校固定效应之后的估计结果。从中可以发现在控制学校固定效应之后，教师的作用大幅下降，对于语文、数学、化学的一模成绩而言，来自不同教师带来的差异分别是 6.7%、8.6%、10.5%。由此可见，"打包"的教师增值差异大部分来源于校际差异，而不是教师间的差异，控制学校固定效应是必要的。

利用增值模型Ⅱ与零模型之间的关系，可以计算出教师增值的数值和排序，如附录 D 所示。

表 5.8　学生成绩的教师差异回归结果（增值模型 I）

项目	(1) 语文	(2) 数学	(3) 化学
中考成绩	0.254***	0.292***	0.240***
	(0.008)	(0.008)	(0.010)
文理科（文科=0）			
理科	−0.263***	−0.321***	—
	(0.021)	(0.027)	—
毕业年份（2016 年=0）			
2017	0.074**	0.054*	−0.005
	(0.036)	(0.029)	(0.037)
2018	0.019	0.030	−0.039
	(0.029)	(0.024)	(0.036)
2019	0.012	−0.027	−0.092***
	(0.023)	(0.019)	(0.027)
常数项	0.023	0.041	−0.171***
	(0.044)	(0.047)	(0.059)
var(_cons)	0.264	0.334	0.369
	(0.029)	(0.035)	(0.048)
var(Residual)	0.484	0.377	0.412
	(0.006)	(0.005)	(0.006)
ICC	0.353	0.470	0.473
	(0.025)	(0.026)	(0.033)
样本量	11584	12491	8192
chibar2(01)	***	***	***

注：括号内为标准误；*、**、***分别代表 10%、5%、1%显著性水平上显著。

表 5.9 学生成绩的教师差异回归结果（增值模型Ⅱ）

项目	（1）语文	（2）数学	（3）化学
中考成绩	0.243***	0.277***	0.229***
	(0.008)	(0.008)	(0.010)
文理科（文科=0）			
理科	−0.288***	−0.334***	—
	(0.020)	(0.023)	—
毕业年份（2016 年=0）			
2017	0.046	0.040	0.002
	(0.032)	(0.027)	(0.035)
2018	0.016	0.006	−0.033
	(0.026)	(0.022)	(0.034)
2019	−0.010	−0.033*	−0.087***
	(0.022)	(0.018)	(0.027)
学校固定效应	控制	控制	控制
常数项	0.456***	0.705***	0.421***
	(0.121)	(0.122)	(0.133)
var(_cons)	0.035	0.036	0.048
	(0.005)	(0.004)	(0.007)
var(Residual)	0.484	0.376	0.412
	(0.006)	(0.005)	(0.006)
ICC	0.067	0.086	0.105
	(0.009)	(0.010)	(0.014)
样本量	11584	12491	8192
chibar2(01)	***	***	***

注：括号内为标准误；*、**、***分别代表10%、5%、1%显著性水平上显著。

5.2.3 分组比较

根据学校的分类，将每一类学校的教师分科目计算了平均的增值估计分数和标准分，如表 5.10 所示。首先，每一个科目每一类学校的增值估计的分数平均而言均接近于 0，数值非常小，因此表 5.10 中采用了科学计数法对增值估计的平均数进行表示，增值估计的平均数趋向接近于 0 说明每一类学校的教师都有好有差。其次，虽然每个科目第一类学校相对第四类学校的标准分均高 2 个标准差左右，但是其增值估计分数相差无几，因此采用一次性考试的平均分评价教师不合理。综合而言，增值估计方法反映了不同类别学校教师的平均水平的差异不大。

表 5.10　四类学校教师的增值估计和标准分

科目	学校类别	教师数量	增值估计				标准分			
			Mean	Std. Dev.	Min	Max	Mean	Std. Dev.	Min	Max
语文	一类	23	2.11E-09	0.19	-0.43	0.27	0.56	0.29	-0.19	1.02
	二类	74	8.34E-10	0.18	-0.49	0.37	0.13	0.30	-0.48	0.68
	三类	69	-1.28E-10	0.16	-0.43	0.38	-0.35	0.51	-1.67	1.15
	四类	29	-6.42E-10	0.11	-0.23	0.20	-1.23	0.63	-2.62	0.15
数学	一类	14	2.00E-16	0.19	-0.24	0.34	0.68	0.25	0.25	1.11
	二类	82	9.82E-10	0.19	-0.39	0.41	0.22	0.34	-0.86	0.81
	三类	76	-0.00424	0.16	-0.53	0.45	-0.37	0.57	-2.24	0.72
	四类	41	0.007866	0.13	-0.26	0.26	-1.36	0.72	-2.95	0.32
化学	一类	10	1.86E-10	0.11	-0.15	0.19	0.66	0.40	-0.27	1.18
	二类	59	4.78E-10	0.22	-0.50	0.47	0.16	0.39	-0.68	1.01
	三类	41	-2.27E-11	0.22	-0.50	0.46	-0.58	0.53	-1.79	0.61
	四类	21	4.43E-10	0.11	-0.26	0.23	-1.53	0.55	-2.26	-0.26

注：2.11E-09=2.11×10^{-9}=0.00000000211，本表格内其他指数形式表示的含义相同。

5.3　本章实证研究结论与讨论

本章将多层线性回归与增值模型相结合，估计了学校和教师对学生成绩的整体作用，根据上述实证研究结果，相关实证研究结论与讨论如下。

（1）增值模型相对于非增值模型的估计结果更准确，学生的入口成绩（中考成绩）对于学生的出口成绩（一模成绩）具有显著的正向影响。如果不控制学生的入口成绩，即采用普通的多层线性回归的估计结果会存在较大的偏误。实证结果表明入口成绩对于不同科目的影响存在差异，数学科目的入口成绩对于出口成绩的影响最大，化学科目的影响最小。

该研究结论与现有研究的结论一致，如萨丽·托马斯等（2012）认为，在中国现有的学校和教师评价体系中，增值评价的概念与其测量的方法被视为是一种较为科学且受欢迎的评价方法，学生学习基础是造成学生成绩差距的主要原因，高考分数最重要的决定因素之一是高中以前的学习基础，因此对学校或教师效能进行整体评估时，需要考虑将生源结构进行控制，才能得出更准确的学校或教师效能差异的结果。本研究也证实了学生入口成绩的作用，在某种程度上对学校和教师采用增值性评价模型相对于传统均值评价更科学合理，为教育评价方法的更新和改进提供了实证证据，也为未来教育部门对于学校和教师进行绩效考核评估时采用增值性评估提供依据。

（2）不同学校之间的确存在增值效果的差异。在不控制任何因素的情况下，出口成绩大约47.8%—62.0%的变异可以分解到学校层次；采用增值模型加入中考成绩之后，出口成绩的校际差异减少11.5%—15.7%；在控制了学生入口成绩、个人特征和学校资源环境因素之后，学生成绩的校际差异进一步大幅降低，语文、数学和化学科目的校际差异分别降低36.9%、38.9%、44.7%，仅为11%、18.9%、17.7%。

在不控制任何因素的情况下，本研究所估计的学生成绩校际差异47.8%—62.0%远远大于大部分已有研究，例如杜屏和杨中超（2011）估计的数值是29%—32%，薛海平和闵维方（2008）估计的数值是21%—38%，萨丽·托马斯等（2012）估计的数值是24%—27%，辛涛等（2012）估计的数值是36.42%—50.32%，范美琴和高柳萍（2019）估计的数值51.3%—61.0%（与本研究比较相近）。如果控制了学生入口成绩、个人特征和学校资源环境因素之后，本研究所估计的学生成绩校际差异仅为10.9%—18.6%，低于大部分已有研究。本质上，学生成绩差异能够分解到学校的比例与研究样本的选择密切相关，因为不同的研究所采用的研究样本所处的省份、城市差异较大，所以估计的数值有较大差异需要辩证看待。边玉芳和林志红（2007）的研究也在一定程度说明了不同区域学校的增值情况存在差异。另外，必须清楚认识到教育评价需要确定合适的评价区域和比较对象，如果区域划定不合理，所得出的评价结果可能不仅无益于学校改进，还可能打击学校改进的积极性。

（3）学校类别对于学生成绩有显著影响，随着类别数值变大，即学校整体质量变差，学生成绩呈降低的趋势。对于语文、数学和化学科目，四类学校相对于一类学校的学生语文成绩低 1.272 个标准差，同理数学和化学科目，四类学校相对于一类学校的学生成绩分别低 1.413 个和 1.677 标准差。

在本研究中学校类别在一定程度上代表了学校的资源投入，本研究的结论"学校整体质量变差，学生成绩降低"与 Hedges、Laine 和 Greenwald（1994）所认为的"学校资源投入与教育成果之间存在着系统的正相关关系"相契合。另外一些与学校资源投入不太紧密的变量，如社会关注度，对于学生成绩没有显著影响也符合现实认知。

（4）采用增值估计的方法与采用平均成绩的方法得出的结果存在差异。对于所有科目，各学校之间增值分数的差异小于标准分的差异，增值分数最高与最低的学校相差 1.5—1.7 个标准差，而采用平均出口成绩标准分的方式，排名最前与最后的学校之间相差 3—3.4 个标准差；根据效应量的数值，增值估计和均值标准分之间的分布差异程度较大，两种估计方式对于学校的评价结果存在较大差别；存在部分学校模考成绩低于平均水平，但学校对学生增值成绩的影响为正，高于平均水平；四类学校的组内平均标准分和增值估计的结果差异较大，其中一类学校作为"最好"的高中，其标准分最高，但是增值估计的分数在语文、数学、化学三科均为负数；相对而言，三类学校的标准分均为负数，但是增值估计的分数是正数。

该研究结论与萨丽·托马斯等（2015）的结论一致：普通高中高考原始成绩和增值表现估测值存在统计上的显著性差异。边玉芳和林志红（2007）通过实证研究也发现增值评价结果与高考分数存在非常大的差异。另外本研究相对现有研究的创新之处在于通过分组分析的方式，对学校的"性价比"进行了研究，发现一些学校的标准分均为负数，但是增值估计的分数是正数。

（5）不同教师之间的确存在增值效果的差异。在不控制任何因素的情况下，出口成绩大约 43.1%—58.8%的变异可以分解到教师层次；控制了学生中考成绩、文理科和毕业年份之后，出口成绩大约 35.3%—47.3%的变异可以分解到教师层次，相对于零模型语文、数学、化学科目的教师差异分别降低 7.8%、11.8%、10.5%；进一步考虑学校固定效应后，教师的作用大幅下降，对于语文、数学、化学的一模成绩而言，来自不同教师带来的差异分别是 6.7%、8.6%、10.5%。

在不控制任何因素的情况下，本研究所估计的学生成绩教师间差异 43.1%—58.8%远远大于大部分已有研究，但是控制了学生中考成绩、文理科和毕业年份之后，本研究所估计的结果 6.7%—10.5%，略低于大部分已有研究所估计的 10%—20%。

第六章 教师特征对学生成绩的作用

教师特征变量是教师的固定属性（如性别）或个人不容易改变的属性（如教龄、职称等）。探讨教师特征变量对于学生成绩的作用，实际上是探讨学校/教育管理部门选拔教师、评价教师的制度有效性。通过分析教师特征变量对于学生成绩的作用可以帮助学校根据本校实际情况调整教师的结构。同时，教师特征变量将会作为第七章分析教师行为对于学生成绩影响的控制变量。本章在对不同科目教师特征变量进行描述性统计分析的基础上，采用多层线性回归的实证研究方法，分析了不同科目的教师个人特征变量对学生成绩的影响。

6.1 教师特征的描述性统计分析

教师问卷中收集到的教师特征变量主要包括性别、学历、是否师范生、编制、教龄、教师职务等。其中大部分是二分类变量，包括性别（女性=0，男性=1）、学历（非研究生学历=0，研究生学历=1）、是否师范生（非师范生=0，师范生=1）、编制（事业编=0，非事业编=1）、高级职称（非高级职称=0，高级职称=1）、教龄、骨干教师（非骨干教师=0，骨干教师=1）、学科带头人（非学科带头人=0，学科带头人=1）、行政职务（有行政职务=0，无行政职务=1）、教学获奖（无教学获奖=0，有教学获奖=1）。关于教师的教龄，采用定序变量，其中（1—2 年）=1，（3—5 年）=2，（6—12 年）=3，（13—20 年）=4，（21—27 年）=5，（28 年以上）=6。

上述变量的描述性统计分析结果如表 6.1 所示，全部能够与学生匹配的教师样本数量是542人。表6.1中分别汇报了整体样本、语文教师样本、数学教师样本和化学教师样本的描述统计分析结果。其中，整体教师样本中男性占24%，女性的比例占76%，女性教师数量远高于男性教师。拥有研究生学历的教师占36%，学历低于研究生的教师比例为64%，鉴于当前国家政策提倡"为高中阶段教育学校侧重培养专业突出、底蕴深厚的研究生层次教师"[①]，海淀区作为全国教育最发达的县区之一，高中的研究生学历教师比例依旧有很大的提升空间。样本教师中师范生的比例占92.4%，非师范生仅7.6%，从中可以看出高中教师的职业对于非师范生依旧有一定的进入门槛，从业的教师绝大部分来源于师范类高校所培养的师范生。关于教师的工作合同和工作身份方面，样本教师中仅有9.4%没有事业编制，90%以上的教师拥有事业编。教师职称和身份方面，具有高级教师及以上职称的样本占总样本的54.6%，骨干教师和学科带头人的比例分别是44.6%和25.1%，获得过教学奖励的教师占总样本37.8%。样本中没有职务的教师比例仅为14.9%，进一步分析样本教师所担任的行政职务，样本中大部分教师担任的行政职务是备课组长。教师的教龄的平均值是4.319，根据问卷中教龄的实际含义，取值4表示教龄13—20年，取值5代表21—27年，因此可以推测样本教师平均教龄在20年左右。

语文教师样本数量一共195人，其中男性教师占17.4%，低于整体平均水平；研究生学历的教师占40.5%，高于整体平均水平；骨干教师和有教学获奖的教师分别占39.0%、31.3%，低于整体平均水平。数学教师样本数量一共216人，其中男性教师占31.9%，高于整体平均水平；有教学获奖的教师占33.3%，低于整体平均水平。化学教师样本一共131人，其中骨干教师、学科带头人、有教学获奖的教师分别占54.2%、31.3%、55.0%，高于整体平均水平，同时也远远高于语文教师和数学教师样本中的比例。三个科目其他教师特征变量与整体水平比较相近。

---

① 中共中央、国务院关于全面深化新时代教师队伍建设改革的意见. http://www.gov.cn/gongbao/content/2018/content_5266234.htm。

表 6.1 教师特征变量的描述性性统计分析

分类标准		N	均值	标准差	偏度	峰度
整体	性别	542	0.240	0.427	1.219	2.485
	研究生学历	542	0.360	0.480	0.584	1.341
	师范生	542	0.924	0.265	-3.210	11.301
	非事业编	542	0.094	0.292	2.781	8.731
	高级职称	542	0.546	0.498	-0.185	1.034
	教龄	542	4.319	1.197	-0.504	2.734
	教龄的平方	542	20.087	9.779	0.097	2.149
	骨干教师	542	0.446	0.498	0.215	1.046
	学科带头人	542	0.251	0.434	1.149	2.320
	无行政职务	542	0.149	0.357	1.966	4.867
	教学获奖	542	0.378	0.485	0.502	1.252
语文	性别	195	0.174	0.380	1.717	3.946
	研究生学历	195	0.405	0.492	0.387	1.149
	师范生	195	0.913	0.283	-2.927	9.566
	非事业编	195	0.087	0.283	2.927	9.566
	高级职称	195	0.518	0.501	-0.072	1.005
	教龄	195	4.344	1.162	-0.576	2.935
	教龄的平方	195	20.210	9.474	0.053	2.239
	骨干教师	195	0.390	0.489	0.452	1.204
	学科带头人	195	0.226	0.419	1.313	2.723
	无行政职务	195	0.169	0.376	1.764	4.113
	教学获奖	195	0.313	0.465	0.807	1.652
数学	性别	216	0.319	0.467	0.774	1.600
	研究生学历	216	0.343	0.476	0.663	1.440
	师范生	216	0.921	0.270	-3.129	10.791
	非事业编	216	0.111	0.315	2.475	7.125
	高级职称	216	0.551	0.499	-0.205	1.042
	教龄	216	4.292	1.251	-0.535	2.768
	教龄的平方	216	19.977	10.085	0.097	2.118
	骨干教师	216	0.440	0.498	0.243	1.059
	学科带头人	216	0.236	0.426	1.243	2.544
	无行政职务	216	0.144	0.351	2.034	5.135
	教学获奖	216	0.333	0.472	0.707	1.500

续表

	分类标准	N	均值	标准差	偏度	峰度
	性别	131	0.206	0.406	1.453	3.111
	研究生学历	131	0.321	0.469	0.769	1.591
	师范生	131	0.947	0.226	-3.971	16.771
	非事业编	131	0.076	0.267	3.191	11.183
	高级职称	131	0.580	0.495	-0.325	1.106
化学	教龄	131	4.328	1.166	-0.310	2.273
	教龄的平方	131	20.084	9.788	0.161	2.067
	骨干教师	131	0.542	0.500	-0.169	1.028
	学科带头人	131	0.313	0.465	0.807	1.651
	无行政职务	131	0.130	0.337	2.203	5.855
	教学获奖	131	0.550	0.499	-0.199	1.040

表 6.2 汇报了整体样本、语文教师样本、数学教师样本和化学教师样本的特征变量之间的相关系数。在整体样本中，研究生学历与师范生身份、高级职称、教龄显著的负相关，并且相关系数大于 0.2，在一定程度上说明目前高中学校中拥有研究生学历的教师进入学校工作的时间较短，很多研究生学历的教师还未获评高级职称；师范生身份与教龄显著正相关；非事业编与高级职称是显著的负相关，说明没有事业编制的教师获评高级职称的可能性更低；高级职称与教龄、骨干教师、学科带头人，教龄与骨干教师、学科带头人，骨干教师与学科带头人、教学获奖呈现显著的正相关关系。不同科目的样本中，相关关系的方向与整体样本基本一致。

表 6.2 教师特征变量之间的相关系数

		1	2	3	4	5	6	7	8	9	10	11
	1.性别	1										
	2.研究生学历	-0.079*	1									
整体	3.师范生	-0.084**	-0.236***	1								
	4.非事业编	0.085**	-0.018	-0.027	1							
	5.高级职称	0.078*	-0.429***	0.160***	-0.214***	1						
	6.教龄	0.045	-0.621***	0.298***	-0.097**	0.646***	1					

续表

		1	2	3	4	5	6	7	8	9	10	11
	7.教龄的平方	0.076*	-0.599***	0.244***	-0.097**	0.646***	0.984***	1				
	8.骨干教师	0.069	-0.155***	0.173***	-0.175***	0.431***	0.316***	0.295***	1			
	9.学科带头人	-0.006	-0.186***	0.069	-0.128***	0.434***	0.326***	0.319***	0.448***	1		
	10.无行政职务	-0.017	0.106**	-0.174***	-0.064	-0.106**	-0.112***	-0.074*	-0.106**	-0.087**	1	
	11.教学获奖	-0.037	0.018	0.094**	-0.134***	0.184***	0.110**	0.083*	0.302***	0.330***	-0.156***	1
语文	1.性别	1										
	2.研究生学历	-0.021	1									
	3.师范生	-0.05	-0.189***	1								
	4.非事业编	0.193***	-0.07	-0.033	1							
	5.高级职称	0.092	-0.437***	0.138*	-0.175**	1						
	6.教龄	0.132*	-0.605***	0.295***	-0.013	0.667***	1					
	7.教龄的平方	0.163**	-0.587***	0.224***	-0.02	0.676***	0.984***	1				
	8.骨干教师	0.104	-0.124*	0.135*	-0.135*	0.392***	0.280***	0.273***	1			
	9.学科带头人	0.043	-0.171**	0.036	-0.123*	0.398***	0.306***	0.307***	0.348***	1		
	10.无行政职务	-0.063	0.129*	-0.151**	-0.043	-0.112	-0.146**	-0.107	-0.052	-0.08	1	
	11.教学获奖	0.156**	0.097	0.091	-0.091	0.186***	0.134*	0.115	0.277***	0.297***	-0.128*	1
数学	1.性别	1										
	2.研究生学历	-0.097	1									
	3.师范生	-0.132*	-0.296***	1								
	4.非事业编	0.074	-0.038	-0.006	1							
	5.高级职称	0.08	-0.447***	0.220***	-0.214***	1						
	6.教龄	-0.009	-0.630***	0.344***	-0.118*	0.636***	1					
	7.教龄的平方	0.026	-0.606***	0.293***	-0.112	0.633***	0.982***	1				
	8.骨干教师	0.013	-0.148**	0.259***	-0.195***	0.406***	0.301***	0.269***	1			

续表

	1	2	3	4	5	6	7	8	9	10	11
9.学科带头人	-0.03	-0.126*	0.122*	-0.127*	0.414***	0.307***	0.296***	0.496***	1		
10.无行政职务	0.059	0.066	-0.175**	-0.103	-0.082	-0.085	-0.032	-0.123*	-0.041	1	
11.教学获奖	-0.126*	0.048	0.097	-0.125*	0.145**	0.016	-0.023	0.264***	0.324***	-0.205***	1
化学 1.性别	1										
2.研究生学历	-0.107	1									
3.师范生	-0.047	-0.200**	1								
4.非事业编	-0.075	0.11	-0.06	1							
5.高级职称	0.051	-0.377***	0.073	-0.280***	1						
6.教龄	0.051	-0.644***	0.213**	-0.180**	0.640***	1					
7.教龄的平方	0.069	-0.617***	0.187**	-0.185**	0.629***	0.989***	1				
8.骨干教师	0.128	-0.189**	0.054	-0.197**	0.522***	0.405***	0.380***	1			
9.学科带头人	-0.018	-0.287***	0.014	-0.132	0.507***	0.390***	0.377***	0.488***	1		
10.无行政职务	-0.084	0.124	-0.211**	-0.025	-0.132	-0.109	-0.097	-0.147*	-0.163*	1	
11.教学获奖	-0.108	-0.101	0.058	-0.202**	0.225***	0.243***	0.220**	0.338***	0.346***	-0.107	1

6.2 教师特征对学生成绩的影响

6.2.1 计量模型设定

根据学生嵌套于任课教师的数据结构,可以建立教师—学生两层线性模型,估计教师个人特征变量对于语文、数学、化学三个科目学生学业成绩的影响,计量模型如模型 6.1 所示。

层一: $Q_{ij} = \beta_{0j} + \beta_{1j} Q_{ij-1} + \beta_{2j} X_{ijyear} + \beta_{3j} X_{ijtrack} + \gamma_{ij}$

层二：$\beta_{0j} = \gamma_{00} + \gamma_{01}P_j + \mu_{0j}, \beta_{1j}=\gamma_{10}, \beta_{2j}=\gamma_{20}, \beta_{3j}=\gamma_{30}$ （模型6.1）

其中，层一是学生个人，层二是教师。其中层一的 Q_{ij} 为教师 j 所带的学生 i 的出口成绩，A_{ist-1} 为该学生的基线成绩，X_{ijyear} 是该学生的毕业年份，$X_{ijtrack}$ 是该学生的文理科分类。γ_{ij} 是残差，β_{0j} 表示在教师层面采用随机截距。层二中对 β_{0j} 的估计，P_j 表示第 j 个教师的个人特征，γ_{00} 是常数项，μ_{0j} 是残差项。教师层采用了随机截距、固定斜率的估计方法。为了排除学校层面的干扰因素，在模型6.1的估计过程中考虑学校固定效应。

6.2.2 实证研究结果

在控制了学生个人的文理科、毕业年份、学校固定效应之后，本研究采用多层线性回归估计了教师特征变量对于学生成绩的回归结果，如表6.3所示。在加入教师个人特征变量之后，学生成绩的教师间差异下降（相对于表5.9学生成绩的教师差异回归结果），其中语文科目从6.7%减少到4.6%，下降2.1%，说明这一系列教师个人特征变量对学业成绩差异的解释率为2.1%；数学科目从8.6%减少到6.9%，化学科目从10.5%减少到6.3%，说明加入的一系列教师个人特征变量对数学和化学学业成绩差异的解释率分别为1.7%和4.2%。教师的个人特征变量对于化学科目的影响依次大于语文科目和数学科目。

表6.3的第（1）列是教师个人特征变量对语文成绩的影响。回归结果显示是否师范生、是否事业编、是否高级职称、教龄、教龄的平方、是否担任行政职务、是否教学获奖等多个变量对于学生的语文成绩没有显著的影响。但是，教师性别、学历、骨干教师和学科带头人身份对于所带学生的语文成绩有显著影响。其中，男教师所带学生的语文成绩显著低于女教师所带学生的语文成绩0.127个标准差。具有研究生学历的教师所带学生的语文成绩显著低于非研究生学历的教师所带学生的语文成绩0.095个标准差。骨干教师身份和学科带头人身份对于学生的语文成绩具有显著的正向影响，骨干教师相对于非骨干教师可以显著提升学

生的语文成绩 0.124 个标准差，学科带头人相对于非学科带头人可以显著提升学生的语文成绩 0.142 个标准差。

第（2）列是教师个人特征变量对数学成绩的影响。回归结果显示是否研究生、是否师范生、是否事业编、是否高级职称、教龄、教龄的平方、是否担任行政职务、是否教学获奖等多个变量对于学生数学成绩没有显著的影响。但是，教师性别、骨干教师和学科带头人身份对于所带学生的数学成绩有显著影响。其中，男教师所带学生的数学成绩显著低于女教师所带学生的数学成绩 0.083 个标准差。骨干教师身份和学科带头人身份对于学生的数学成绩具有显著的正向影响，骨干教师相对于非骨干教师可以显著提升学生的数学成绩 0.123 个标准差，学科带头人相对于非学科带头人在 10% 的显著性水平上可以显著提升学生的数学成绩 0.082 个标准差。

第（3）列是教师个人特征变量对化学成绩的影响。回归结果显示性别、是否事业编、教龄、教龄的平方、是否学科带头人、是否担任行政职务、是否教学获奖等多个变量对于化学成绩没有显著的影响。但是，教师学历、师范生身份、高级职称、骨干教师身份对于所带学生的化学成绩有显著影响。具有研究生学历的教师所带学生的化学成绩显著低于非研究生学历的教师所带学生的化学成绩 0.147 个标准差。具有师范生背景的教师所带学生的化学成绩低于非师范生所带学生的化学成绩 0.434 个标准差。拥有高级职称和骨干教师身份对于学生的化学成绩具有显著的正向影响，拥有高级职称的教师相对于未拥有高级职称的教师可以显著提升学生的化学成绩 0.19 个标准差，骨干教师相对于非骨干教师可以显著提升学生的化学成绩 0.129 个标准差。

综上所述，每个科目的教师个人特征变量对于该科目成绩的影响存在差异。教师性别差异带来的学生成绩差异值得进一步关注。另外，上述实证分析结果在一定程度上表明学校在挑选人才时考虑学历因素可能并不合理，学校及教育管理部门对于高级职称、骨干教师、学科带头人等职称或称号的评定有一定合理之处，拥有这些"头衔"的教师更可能对于学生成绩存在显著的促进作用。

表 6.3　教师特征变量对于学生成绩的影响

分类标准	（1）语文	（2）数学	（3）化学
中考成绩	0.244***	0.277***	0.230***
	(0.008)	(0.008)	(0.010)
性别	-0.127***	-0.083**	0.039
	(0.045)	(0.034)	(0.055)
研究生学历	-0.095**	-0.038	-0.147**
	(0.044)	(0.044)	(0.065)
师范生	-0.056	-0.045	-0.434***
	(0.063)	(0.069)	(0.132)
非事业编	-0.043	-0.117	-0.006
	(0.108)	(0.097)	(0.305)
高级职称	-0.022	0.048	0.190***
	(0.049)	(0.043)	(0.063)
教龄	0.044	0.084	-0.237
	(0.103)	(0.085)	(0.164)
教龄的平方	-0.005	-0.010	0.023
	(0.012)	(0.010)	(0.018)
骨干教师	0.124***	0.123***	0.129**
	(0.037)	(0.038)	(0.057)
学科带头人	0.142***	0.082*	0.031
	(0.045)	(0.045)	(0.056)
无行政职务	-0.005	0.028	-0.010
	(0.042)	(0.047)	(0.068)
教学获奖	0.031	-0.020	0.060
	(0.035)	(0.039)	(0.048)
文理科	控制	控制	控制
毕业年份	控制	控制	控制
学校固定效应	控制	控制	控制
常数项	0.286	0.501**	1.107***
	(0.227)	(0.219)	(0.378)
var(_cons)	0.023	0.028	0.027
	(0.004)	(0.004)	(0.005)
var(Residual)	0.484	0.376	0.412
	(0.006)	(0.005)	(0.006)

续表

分类标准	（1）语文	（2）数学	（3）化学
ICC	0.046	0.069	0.063
	(0.007)	(0.008)	(0.010)
样本量	11584	12491	8192
chibar2(01)	***	***	***

注：括号内为标准误；*、**、***分别代表10%、5%、1%显著性水平上显著。

6.3 本章实证研究结论与讨论

本章估计了教师特征变量对学生成绩的作用，根据上述实证研究结果，相关研究结论与讨论如下。

（1）每个科目的教师个人特征变量对于该科目成绩的影响存在差异。不同科目可能存在教师授课和学生学习的本质差异，教师性别、学历、骨干教师和学科带头人身份对于所带学生的语文成绩有显著影响；教师性别、骨干教师和学科带头人身份对于所带学生的数学成绩有显著影响；教师学历、师范生身份、高级职称、骨干教师身份对于所带学生的化学成绩有显著影响。

该研究结论与现有研究基本一致，现有研究大部分采用的是数学科目的成绩和数学教师的数据，但是也有部分研究采用了阅读、英语等科目的相关数据，采取不同科目的数据时对学生成绩发挥作用的教师特征不一致。当然因为样本的选择不同，即使采用同一科目的相关数据，也会出现一些结果的差异。

（2）在语文和数学科目，女教师相对男教师对学生成绩更有促进作用，男教师所带学生成绩分别显著低于女教师所带学生的语文、数学成绩0.127个、0.083个标准差。

关于教师性别的结论，与国内大部分研究的结论相同，即在中小学阶段女教师相对于男教师更有利于学生成绩获得更好的成绩，例如王云峰和田一（2015）、张咏梅等（2012）、白胜南等（2019）。更进一步探究教师性别所带来学生成绩的差异，原因可能跟教师的性别比例有一些关系：在中小学教师群体，女性教师的比例远高于男性教师，可能存在一定职业上的性别隔离，女性更乐于进入该行业，而男性进入该行业的意愿比较低，进而平均而言进入行业的男性教师不如女性教师优秀。

（3）在语文与化学科目，未拥有研究生学历的教师相比拥有研究生的学历的教师对成绩更有促进作用，具有研究生学历的教师所带学生的成绩显著低于非研究生学历的教师所带学生的语文、化学成绩 0.095 个、0.147 个标准差。

该研究结论与已有结论相反，白胜南等（2019）、王顾学和汪栋（2019）研究发现教师的学历越高，所教授班级的学生成绩也会越好。但是本研究的结果是教师的研究生学历反向作用于学生成绩，比较难以解释。有一个可能原因是研究生学历的教师比例较低，进入该行业的时间较短，在回归分析中可能存在一些遗漏变量，导致了截然相反的结论。另外一个原因可能在于中小学不是必然需要高学历的教师，教师的学历和教学效果的关系并不明确，同时研究生学历的教师更多来源于综合性院校，大多在本科阶段不是师范生。综合而言，中小学校不需要盲目追求研究生学历的教师。

（4）在三个科目上，骨干教师相对于非骨干教师对学生成绩更有促进作用。骨干教师相对于非骨干教师可以显著提升学生的语文、数学、化学成绩 0.124 个、0.123 个、0.129 个标准差。

该结论与已有结论相符，一般认为获得某项职称职务是教师能力的一种外在体现，骨干教师能够有利于学生成绩的进步也符合主观认识，也说明学校或管理部门能识别高效率和低效率的教师，该结论是对现行教师管理制度的一种肯定。

（5）教龄不会对学生成绩产生显著影响，表现出不同科目之间的稳定性与一致性。该研究结论与已有结论相差很大，一般认为教龄较长的教师拥有更丰富的教学经验，能够在备课、教学和课堂管理上更高效，进而能够有更多时间思考教学的改进。大部分已有研究表明教龄是解释学生成绩的一个积极因素，例如白胜南等（2019）发现教龄长的教师，所教授班级的学生数学成绩会更好。张咏梅等（2012）研究发现具有 10 年以上教龄的教师所教班级成绩高于 10 年以下教龄的教师所教班级。

Rockoff（2004）研究发现教学经验显著提高了学生的考试成绩，尤其是在阅读科目领域，初级教师与具有十年或十年以上经验的教师之间，学生阅读考试分数平均差异约 0.17 个标准差。但是本研究的结果显示教龄没有显著的作用，一种可能是师范生身份与教龄显著正相关，教龄对学生成绩的影响力被师范生变量所掩盖；另外一种可能的解释是教龄与骨干教师、教师获奖等变量的共线性较高，在控制了骨干教师、教师获奖等变量之后，教龄的作用不再显著。

第七章 教师行为和学校支持对学生成绩的作用

根据第四章对于教师行为和学校支持量表的探索性因子分析或验证性因子分析的结果，本章计算了各种教师行为和学校支持分量表（内容知识、教学知识、课堂组织、认知激活、学生参与、课堂管理、多元教学策略、聚焦课程内容、融入主动学习、使用有效的示范及模范、专家指导和支持、学习共同体、未来发展机会、职业认同、倦怠感）的原始总分，并对原始总分在同一个科目内部进行了标准化处理，进而对原始总分和其标准分进行了描述性统计分析。在描述性统计分析结果的基础上，根据前述章节的理论和实证分析，本章采用多层线性回归将教师行为和学校支持对学生成绩的影响进行分科目讨论，分析每一种教师行为和学校支持对于学生成绩的作用。

7.1 教师行为和学校支持的描述性统计分析

表 7.1 汇报了各项教师行为和学校支持总分的样本量（n）、均值（Mean）、标准差（St.Dev）、最小值（min）、最大值（max）、偏度（skewness）、峰度（kurtosis）。从本研究涉及的样本教师整体水平而言，由于职前准备量表存在缺失值，因此总样本数仅 501 个，其他量表的总样本数为 542 个。其中，职前准备两个分量表中内容知识水平的平均值 14.886 高于中间水平的取值 12[①]，而教学知识的平均值 17.501 小于中间水平 18，说明

---

① 中间水平采用分量表可取的最大值和最小值的和除以 2 的方式计算，例如：内容知识的中间水平是（4+20）/2=12。下同。

教师的职前准备自评中对于知识的准备更充足，而教学能力的准备相对不如内容知识充足；同时教学知识的标准差较大，说明样本教师的教学知识离散程度较高。在课堂行为中，课堂组织的平均值 16.410 高于中间水平 12.5，而认知激活的平均值 11.114 低于中间水平 12.5，说明教师自评的课堂行为更注重于知识传授；同时认知激活的标准差较大，说明样本教师对创新作业的重视水平离散程度较大。在自我效能感之中，学生参与的平均值 12.649 高于中间水平 10，课堂管理的平均值 9.884 高于中间水平 7.5，多元教学策略的平均值 8.924 高于中间水平 7.5，三者之中学生参与的平均值高于中间水平较多，整体而言样本教师在教学中的自我效能感较高。在专业发展中，教师参与四项有效专业发展活动和学习共同体的自评得分均高于中间水平，其中参与学习共同体的平均值是 14.768 远高于中间水平 10。在学校支持中，教师对于未来发展机会、职业认同、倦怠感的正向评价均值高于中间水平，说明样本中教师对于学校未来支持相对较满意，其中正向的倦怠感评价高于未来发展机会和职业认同，说明教师在工作之中的倦怠程度较低，相信自我能够完成工作任务；同时在三项学校支持自评中，未来发展机会的标准差最大，倦怠感的标准差最小，说明教师之间对于未来发展机会的评价离散程度较高，对于倦怠感的评价离散程度较低。

进一步分语文、数学、化学三个科目对描述性统计的结果分析。在语文教师样本中，职前准备量表的有效样本量为 178 个，其他量表的有效样本量为 195 个。语文教师的课堂行为中课堂组织和创新作业的均值高于整体平均水平；自我效能感中的学生参与、多元教学策略均值高于整体平均水平；专业发展中除了使用有效的示范及模范与整体水平大致相同，参与其他专业发展活动的活跃程度均高于整体平均水平。

在数学教师样本中，职前准备量表的有效样本量为 199 个，其他量表的有效样本量为 216 个。数学教师内容知识和教学知识均高于整体平均水平；课堂行为中认知激活的程度低于整体平均水平；自我效能感中的学生参与、多元教学策略均值低于整体平均水平；专业发展中参与聚焦课程内容、融入主动学习、专家指导和支持、学习共同体的活跃度均低于整体平均水平，而参与使用有效的示范及模范高于整体平均水平。

在化学教师样本中，职前准备量表的有效样本量为 124 个，其他量表的有效样本量为 131 个。化学教师的课堂行为中认知激活低于整体平均水平;自我效能感中学生参与低于整体平均水平;专业发展中参与聚焦课程内容、融入主动学习、使用有效的示范及模范、学习共同体的活跃度均低于整体平均水平,而参与专家指导和支持高于整体平均水平。

从分科目的描述性分析结果可以明显发现不同科目之间的教师行为存在差异,语文教师教学中的自我效能、参与各种教师专业发展活动的频率等明显高于数学和化学教师。如果不区分科目,整体看各种教师行为对于学生成绩的影响,可能估计结果存在偏误。

另外,不同教师行为之间的相关性也是需要关注的重点,表 7.2 汇报了整体样本中教师行为变量之间的相关性分析结果。从中可以发现大部分变量之间是显著相关的,尤其是同一个总量表的分量表之间相关度较高,例如职前准备的内容知识和教学知识之间显著相关且相关度较高。部分不同分量表之间也存在显著的中度相关,例如课堂组织与多元教学策略的相关系数 0.43,在 5%水平上显著。

附录 E 汇报了教师行为和学校支持标准化值的描述性统计分析结果,包括整体样本和分科目样本可作为表 7.1 的补充;附录 F 中汇报了语文、数学、化学分科目的教师行为和学校支持相关分析结果,可作为表 7.2 的补充。

表 7.1 教师行为和学校支持描述性统计分析(原始总分)

样本范围		教师行为	n	Mean	St.Dev	min	max	skewness	kurtosis
整体	职前准备	内容知识	501	14.886	3.425	4	20	-0.291	3.042
		教学知识	501	17.501	6.134	6	30	0.111	2.339
	课堂行为	课堂组织	542	16.410	2.212	5	20	-0.254	3.555
		认知激活	542	11.114	2.507	5	20	0.438	3.887
		学生参与	542	12.649	1.931	7	16	0.112	2.619
	自我效能感	课堂管理	542	9.884	1.522	5	12	-0.099	2.397
		多元教学策略	542	8.924	1.718	4	12	0.085	2.721
	专业发展	聚焦课程内容	542	5.417	1.677	2	8	0.002	2.234
		融入主动学习	542	5.151	1.592	2	8	0.191	2.415
		使用有效的示范及模范	542	5.581	1.463	2	8	-0.169	2.622
		专家指导和支持	542	5.589	1.608	2	8	-0.133	2.220
		学习共同体	542	14.768	1.588	8	16	-1.300	4.271

续表

样本范围		教师行为	n	Mean	St.Dev	min	max	skewness	kurtosis
	学校支持	未来发展机会	542	10.985	2.371	3	15	-0.852	4.111
		职业认同	542	11.823	1.866	3	15	-0.699	5.628
		倦怠感	542	12.448	1.533	3	15	-0.433	6.623
语文	职前准备	内容知识	178	14.399	3.524	4	20	-0.431	3.391
		教学知识	178	17.152	5.970	6	30	0.217	2.452
	课堂行为	课堂组织	195	16.569	2.132	11	20	-0.021	2.171
		认知激活	195	12.369	2.459	7	20	0.725	3.693
		学生参与	195	12.913	1.910	7	16	0.174	2.460
	自我效能感	课堂管理	195	9.872	1.536	5	12	0.011	2.266
		多元教学策略	195	9.154	1.677	6	12	0.065	2.512
		聚焦课程内容	195	5.651	1.705	2	8	-0.060	2.027
		融入主动学习	195	5.344	1.516	2	8	0.224	2.414
	专业发展	使用有效的示范及模范	195	5.579	1.435	2	8	-0.160	2.808
		专家指导和支持	195	5.687	1.566	2	8	-0.175	2.203
		学习共同体	195	15.082	1.364	9	16	-1.629	5.285
	学校支持	未来发展机会	195	10.954	2.262	3	15	-0.677	4.295
		职业认同	195	11.738	1.813	3	15	-0.575	5.459
		倦怠感	195	12.328	1.497	3	15	-0.895	10.004
数学	职前准备	内容知识	199	15.357	3.462	4	20	-0.313	2.687
		教学知识	199	18.111	6.294	6	30	0.051	2.232
	课堂行为	课堂组织	216	16.338	2.398	5	20	-0.518	4.456
		认知激活	216	10.343	2.221	5	16	-0.132	2.683
		学生参与	216	12.514	2.012	8	16	-0.010	2.634
	自我效能感	课堂管理	216	9.944	1.527	5	12	-0.283	2.651
		多元教学策略	216	8.708	1.790	4	12	0.033	2.807
		聚焦课程内容	216	5.333	1.623	2	8	-0.031	2.489
		融入主动学习	216	5.009	1.654	2	8	0.177	2.425
	专业发展	使用有效的示范及模范	216	5.708	1.520	2	8	-0.360	2.641
		专家指导和支持	216	5.449	1.636	2	8	-0.079	2.222
		学习共同体	216	14.556	1.650	8	16	-0.957	3.315
	学校支持	未来发展机会	216	10.926	2.525	3	15	-0.799	3.648
		职业认同	216	11.935	1.942	3	15	-0.718	5.128
		倦怠感	216	12.625	1.623	5	15	-0.460	5.391

续表

样本范围	教师行为		n	Mean	St.Dev	min	max	skewness	kurtosis
化学	职前准备	内容知识	124	14.831	3.131	5	20	0.031	2.789
		教学知识	124	17.024	6.073	6	30	0.032	2.365
	课堂行为	课堂组织	131	16.290	2.002	10	20	0.111	2.503
		认知激活	131	10.519	2.292	5	20	0.612	4.701
		学生参与	131	12.481	1.795	8	16	0.300	2.658
	自我效能感	课堂管理	131	9.802	1.501	6	12	0.040	2.240
		多元教学策略	131	8.939	1.621	6	12	0.338	2.691
		聚焦课程内容	131	5.206	1.695	2	8	0.113	2.195
		融入主动学习	131	5.099	1.583	2	8	0.269	2.313
	专业发展	使用有效的示范及模范	131	5.374	1.394	2	8	0.133	2.533
		专家指导和支持	131	5.672	1.619	2	8	-0.147	2.236
		学习共同体	131	14.649	1.727	8	16	-1.390	4.588
		未来发展机会	131	11.130	2.278	3	15	-1.191	4.842
	学校支持	职业认同	131	11.763	1.818	3	15	-0.895	6.978
		倦怠感	131	12.336	1.412	8	15	0.279	3.806

表 7.2 教师行为的相关性分析（整体样本）

	1	2	3	4	5	6	7	8	9	10	11	12	13	14	15
1.内容知识	1														
2.教学知识	0.67*	1													
3.课堂组织	0.22*	0.21*	1												
4.认知激活	0.13*	0.23*	0.32*	1											
5.学生参与	0.23*	0.28*	0.52*	0.47*	1										
6.课堂管理	0.15*	0.18*	0.42*	0.23*	0.53*	1									
7.多元教学策略	0.23*	0.33*	0.43*	0.45*	0.56*	0.44*	1								
8.聚焦课程内容	0.06	0.06	0.26*	0.20*	0.18*	0.20*	0.20*	1							
9.融入主动学习	0.13*	0.18*	0.24*	0.29*	0.27*	0.19*	0.24*	0.60*	1						
10.使用有效的示范及模范	0.12*	0.14*	0.26*	0.24*	0.23*	0.20*	0.23*	0.68*	0.75*	1					
11.专家指导和支持	0.09*	0.09	0.25*	0.19*	0.20*	0.20*	0.20*	0.81*	0.74*	0.74*	1				
12.学习共同体	0.14*	0.06	0.40*	0.15*	0.33*	0.26*	0.28*	0.20*	0.19*	0.21*	0.19*	1			
13.未来发展机会	0.18*	0.22*	0.14*	0.19*	0.20*	0.11*	0.20*	0.12*	0.14*	0.13*	0.13*	0.18*	1		

续表

	1	2	3	4	5	6	7	8	9	10	11	12	13	14	15
14.职业认同	0.14*	0.21*	0.21*	0.14*	0.31*	0.16*	0.24*	0.11*	0.12*	0.12*	0.09*	0.17*	0.57*	1	
15.倦怠感	0.14*	0.21*	0.28*	0.16*	0.40*	0.28*	0.29*	0.08	0.09*	0.06	0.08	0.16*	0.35*	0.61*	1

注：*代表5%显著性水平上显著。

7.2 教师行为和学校支持对学生各科成绩的影响

7.2.1 计量模型设定

根据学生嵌套于任课教师的数据结构，可以建立教师和学生的两层模型，估计教师行为对于语文、数学、化学三个科目学生学业成绩的影响，计量模型如模型 7.1 所示。

层一：$Q_{ij} = \beta_{0j} + \beta_{1j}Q_{ij-1} + \beta_{2j}X_{ijyear} + \beta_{3j}X_{ijtrack} + \gamma_{ij}$

层二：$\beta_{0j} = \gamma_{00} + \gamma_{01}M_j + \gamma_{02}P_j + \mu_{0j}, \beta_{1j}=\gamma_{10}, \beta_{2j}=\gamma_{20}, \beta_{3j}=\gamma_{30}$ （模型 7.1）

其中，层一是学生个人，层二是教师。其中层一的 Q_{ij} 为教师 j 所带的学生 i 的出口成绩，A_{ist-1} 为该学生的基线成绩，X_{ijyear} 是该学生的毕业年份，$X_{ijtrack}$ 是该学生的文理科分类，γ_{ij} 是残差，β_{0j} 表示在教师层面采用随机截距。层二中对 β_{0j} 的估计，M_j 表示第 j 个教师的行为，P_j 表示第 j 个教师的个人特征变量，γ_{00} 是常数项，μ_{0j} 是残差项。教师层采用了随机截距、固定斜率的估计方法。为了排除学校层面的干扰因素，在模型 7.1 的估计过程中考虑学校固定效应。

同理，估计学校支持对于语文、数学、化学三个科目学生学业成绩的影响，计量模型如模型 7.2 所示。

层一：$Q_{ij} = \beta_{0j} + \beta_{1j}Q_{ij-1} + \beta_{2j}X_{ijyear} + \beta_{3j}X_{ijtrack} + \gamma_{ij}$

层二：$\beta_{0j} = \gamma_{00} + \gamma_{01}N_j + \gamma_{02}P_j + \mu_{0j}, \beta_{1j}=\gamma_{10}, \beta_{2j}=\gamma_{20}, \beta_{3j}=\gamma_{30}$ （模型 7.2）

其中，层二中 N_j 表示第 j 个教师对于学校支持氛围的自评分数，其他设定与模型 7.1 相同。

由于每一个教师行为和学校支持分量表的题目尺度或数量存在差异，采用教师行为和学校支持的原始总分进行回归的结果较难直观比较，因此在多层线性回归中教师行为和学校支持变量采用同一科目内部标准化的数值代替。

7.2.2 语文科目

在控制了学生个人特征、学校固定效应、教师特征变量之后，本研究采用多层线性回归估计了教师行为和学校支持对于学生语文成绩的回归结果，如表 7.3 所示。第（1）列是教师职前准备对于学生语文成绩的影响，其中内容知识对于语文成绩有显著的负向作用（$p<0.05$），语文教师的内容知识程度每提高一个标准差，学生的语文成绩会显著降低 0.043 个标准差；教学知识对于语文成绩有显著的正向作用（$p<0.05$），语文教师的教学知识程度每提高一个标准差，学生的语文成绩会显著提高 0.053 个标准差。因此，就语文科目而言，教师在毕业前专业课程所学习的学科知识、教学法、授课方法等内容知识对于学生成绩并没有促进作用，甚至是反向的作用；而教师在毕业前的跨学科技能教学、应用信息技术教学、学生发展和评价等教学知识对于学生成绩有显著的促进作用。考虑到样本语文教师中师范生的比例占 91.3%，师范类大学在语文相关专业的师范生培养上应当更注重学生跨学科技能教学等教学知识。进一步分析教师职前准备对于学生语文成绩的作用大小，可以看到 ICC 相对于表 6.3 中的第（1）列 ICC 减少 0.005，即教师职前准备大约能解释学生语文成绩 0.5% 的差异。

第（2）列是教师课堂行为对于学生语文成绩的影响，其中教师课堂组织对于学生成绩有负向的作用，但是并不显著；认知激活对于学生成绩有正向作用，也不显著。因此，语文教师的课堂行为并不会直接显著影响学生的语文成绩。同时，ICC 的变化值约等于 0，从一定程度上也可以说明课堂行为对于学生语文成绩没有作用。

第（3）列是教师自我效能感对于学生语文成绩的影响，其中学生参与、课堂管理对于学生成绩有负向的作用,但是并不显著;多元教学策略对于成绩有正向作用,但不显著。因此,语文教师的自我效能感并不会直接显著影响学生的语文成绩。同时,ICC 的变化值约等于 0,从一定程度上也可以说明教师自我效能感对于学生语文成绩没有作用。

第(4)列是教师专业发展对于学生语文成绩的影响,其中聚焦课程内容、融入主动学习对于学生成绩有负向的作用,但是并不显著;使用有效的示范及模范、专家指导和支持、学习共同体对于成绩有正向作用,但不显著。因此,语文教师的专业发展并不会直接显著影响学生的语文成绩。同时,ICC 的变化值约等于 0.002,即教师专业发展大约能解释学生语文成绩 0.2%的差异。

第(5)列是教师感受到的学校支持对于学生语文成绩的影响,其中未来发展机会、倦怠感对于学生成绩有负向的作用,但是并不显著;职业认同对于成绩有正向作用,但不显著。因此,语文教师的学校支持并不会直接显著影响学生的语文成绩。同时,ICC 的变化值约等于 0,从一定程度上也可以说明学校支持对于学生语文成绩没有作用。

综上所述,在语文科目中,教师行为除了职前准备会直接显著影响学生的语文成绩,其中内容知识显著负向影响学生成绩,教学知识显著正向影响学生成绩;其他行为对于学生的语文成绩没有显著的影响作用。同时,教师职前准备大约能解释学生语文成绩 0.5%的差异。

表 7.3 教师行为和学校支持对学生语文成绩的影响

分类标准	(1)	(2)	(3)	(4)	(5)
中考成绩	0.243***	0.244***	0.244***	0.244***	0.244***
	(0.009)	(0.008)	(0.008)	(0.008)	(0.008)
内容知识	−0.043**				
	(0.021)				
教学知识	0.053**				
	(0.022)				
课堂组织		−0.019			
		(0.017)			
认知激活		0.017			
		(0.018)			

续表

分类标准	（1）	（2）	（3）	（4）	（5）
学生参与			−0.012		
			(0.024)		
课堂管理			−0.012		
			(0.022)		
多元教学策略			0.013		
			(0.021)		
聚焦课程内容				−0.008	
				(0.031)	
融入主动学习				−0.017	
				(0.030)	
使用有效的示范及模范				0.007	
				(0.027)	
专家指导和支持				0.050	
				(0.036)	
学习共同体				0.006	
				(0.018)	
未来发展机会					−0.020
					(0.023)
职业认同					0.032
					(0.025)
倦怠感					−0.013
					(0.022)
教师特征变量	控制	控制	控制	控制	控制
文理科	控制	控制	控制	控制	控制
毕业年份	控制	控制	控制	控制	控制
学校固定效应	控制	控制	控制	控制	控制
常数项	0.494*	0.284	0.244	0.282	0.299
	(0.283)	(0.227)	(0.231)	(0.226)	(0.227)
var(_cons)	0.021	0.023	0.023	0.022	0.023
	(0.003)	(0.003)	(0.003)	(0.003)	(0.003)
var(Residual)	0.488	0.484	0.484	0.484	0.484
	(0.007)	(0.006)	(0.006)	(0.006)	(0.006)

续表

分类标准	（1）	（2）	（3）	（4）	（5）
ICC	0.041	0.046	0.046	0.044	0.046
	(0.006)	(0.007)	(0.007)	(0.006)	(0.007)
△ICC	0.005	0	0	0.002	0
样本量	10824	11584	11584	11584	11584
chibar2(01)	***	***	***	***	***

注：括号内为标准误；*、**、***分别代表 10%、5%、1%显著性水平上显著；△ICC 表示表 7.3 的 ICC 相对于表 6.3 第（1）列 ICC 的减少值。

7.2.3 数学科目

在控制了学生个人特征、学校固定效应、教师特征变量之后，采用多层线性回归估计了教师行为和学校支持对于学生数学成绩的回归结果，如表 7.4 所示。其中第（1）列是教师职前准备对于学生数学成绩的影响，其中内容知识和教学知识均对于学生成绩有负向的作用，但是并不显著。因此，数学教师的职前准备并不会直接显著影响学生的数学成绩。同时，ICC 的变化值是 0，从一定程度上也可以说明教师职前准备对于学生数学成绩没有作用。

第（2）列是教师课堂行为对于学生数学成绩的影响，其中教师课堂组织、认知激活对于学生成绩有正向的作用，但是并不显著。因此，数学教师的课堂行为并不会直接显著影响学生的数学成绩。进一步分析教师课堂行为对于学生数学成绩的作用大小，可以看到 ICC 的变化值是 0.001，即教师课堂行为大约能解释学生数学成绩 0.1%的差异。

第（3）列是教师自我效能感对于学生数学成绩的影响，其中学生参与对于学生成绩有负向的作用，但是并不显著；课堂管理对于学生成绩有负向的作用，并且在 10%的显著性水平上显著，说明课堂管理效能每提高一个标准差，学生的数学成绩将会降低 0.03 个标准差；多元教学策略对于学生数学成绩有显著的正向作用（$p<0.01$），教师的多元教学策略每提高一个标准差，学生的数学成绩将会提高 0.065 个标准差。因此，就数学科目而言，教师让学生遵守课堂纪律等行为的效能对于学生成绩

并没有促进作用,甚至有显著的反向作用;教师使用多种教学策略和评价策略对于学生成绩有显著的促进作用。进一步分析教师课堂行为对于学生数学成绩的作用大小,可以看到 ICC 的变化值是 0.005,即教师自我效能感大约能解释学生数学成绩 0.5%的差异。

第(4)列是教师专业发展对于学生数学成绩的影响,其中聚焦课程内容、专家指导和支持对于学生成绩有正向的作用,但是并不显著;融入主动学习对于学生成绩有负向的作用,但不显著;使用有效的示范及模范有显著的负向的作用($p<0.1$),教师参与使用有效的示范及模范的专业发展每多一个标准差,学生的数学成绩将会降低 0.047 个标准差;学习共同体有显著的正向的作用($p<0.1$),教师参与学习共同体每提高一个标准差,学生成绩将会提高 0.032 个标准差。因此,就数学科目而言,教师参与单元整体教学、分析和使用学生评价数据的专业发展活动对于学生的成绩没有促进作用,甚至有显著的反向作用;教师参与集体备课等学习共同体活动对学生成绩有显著的促进作用。进一步分析教师专业发展对于学生数学成绩的作用大小,可以看到 ICC 的变化值是 0.003,即教师专业发展大约能解释学生数学成绩 0.3%的差异。

第(5)列是教师感受到的学校支持对于学生数学成绩的影响,其中未来发展机会、职业认同、倦怠感均对于学生成绩有正向的作用,但是并不显著。因此,数学教师的学校支持并不会直接显著影响学生的数学成绩。同时,ICC 的变化值约等于 0.002,即学校支持大约能解释学生数学成绩 0.2%的差异。

综上所述,在数学科目中,教师职前准备、课堂行为、学校支持对于学生成绩没有显著的作用,但是课堂行为、学校支持能够解释一定学生成绩的差异。教师自我效能感中的课堂管理效能对学生成绩有显著的负向作用,多元教学策略对于学生成绩有显著的正向作用;教师专业发展中使用有效的示范及模范的专业发展活动对学生成绩有显著的负向作用,参与学习共同体的活动对学生成绩有显著的正向作用。

表 7.4 教师行为和学校支持对学生数学成绩的影响

分类标准	（1）	（2）	（3）	（4）	（5）
中考成绩	0.277***	0.277***	0.277***	0.277***	0.277***
	(0.008)	(0.008)	(0.008)	(0.008)	(0.008)
内容知识	−0.019				
	(0.023)				
教学知识	−0.001				
	(0.022)				
课堂组织		0.014			
		(0.018)			
认知激活		0.023			
		(0.017)			
学生参与			−0.008		
			(0.021)		
课堂管理			−0.030*		
			(0.018)		
多元教学策略			0.065***		
			(0.019)		
聚焦课程内容				0.038	
				(0.028)	
融入主动学习				−0.018	
				(0.026)	
使用有效的示范及模范				−0.047*	
				(0.027)	
专家指导和支持				0.032	
				(0.032)	
学习共同体				0.032*	
				(0.017)	
未来发展机会					0.006
					(0.020)
职业认同					0.009
					(0.023)
倦怠感					0.024
					(0.019)
教师特征变量	控制	控制	控制	控制	控制
文理科	控制	控制	控制	控制	控制

续表

分类标准	（1）	（2）	（3）	（4）	（5）
毕业年份	控制	控制	控制	控制	控制
学校固定效应	控制	控制	控制	控制	控制
常数项	0.393	0.515**	0.485**	0.519**	0.538**
	(0.251)	(0.217)	(0.213)	(0.221)	(0.218)
var(_cons)	0.029	0.027	0.026	0.027	0.027
	(0.004)	(0.004)	(0.003)	(0.003)	(0.004)
var(Residual)	0.379	0.376	0.376	0.376	0.376
	(0.005)	(0.005)	(0.005)	(0.005)	(0.005)
ICC	0.071	0.068	0.064	0.066	0.067
	(0.009)	(0.008)	(0.008)	(0.008)	(0.008)
△ICC	0	0.001	0.005	0.003	0.002
样本量	11609	12491	12491	12491	12491
chibar2(01)	***	***	***	***	***

注：括号内为标准误；*、**、***分别代表 10%、5%、1%显著性水平上显著；第（1）列△ICC 根据表 7.4 的样本重新计算了只含学生个人特征、学校固定效应、教师特征变量的 ICC 为 0.071，由此计算的第（1）列△ICC 约为 0；第（2）至（5）列的△ICC 表示表 7.4 的 ICC 相对于表 6.3 第（2）列 ICC 的减少值。

7.2.4 化学科目

在控制了学生个人特征、学校固定效应、教师特征变量之后，本研究采用多层线性回归估计了教师行为和学校支持对于学生化学成绩的回归结果，如表 7.5 所示。其中第（1）列是教师职前准备对于学生化学成绩的影响，其中内容知识对于学生成绩有正向的作用，但是并不显著；教学知识对于学生成绩有显著负向的作用（$p<0.1$），教师的教学知识每提高一个标准差，学生的化学成绩将会降低 0.05 个标准差。因此，就化学科目而言，教师在毕业前的跨学科技能教学、应用信息技术教学、学生发展和评价等教学知识对于学生成绩有显著的反向作用。进一步分析教师职前准备对于学生化学成绩的作用大小，可以看到 ICC 的变化值是 0.003，即教师职前准备大约能解释学生化学成绩 0.3%的差异。

第（2）列是教师课堂行为对于学生化学成绩的影响，其中教师课堂组织对于学生成绩有正向的作用,但是并不显著;认知激活对于学生成绩有显著负向的作用($p<0.05$),教师认知激活的水平每提高一个标准差,学生的化学成绩降低 0.055 个标准差。因此,化学教师布置创新作业的课堂行为对于学生成绩并没有促进作用,甚至是显著的反向作用。进一步分析教师课堂行为对于学生化学成绩的作用大小,可以看到 ICC 的变化值是 0.004,即教师课堂行为大约能解释学生化学成绩 0.4%的差异。

第(3)列是教师自我效能感对于学生化学成绩的影响,其中多元教学策略对于学生成绩有负向的作用,但是并不显著;学生参与对于学生成绩有显著正向的作用($p<0.01$),教师的学生参与效能每提高一个标准差,学生的化学成绩将会提高 0.097 个标准差;课堂管理对于学生成绩有显著负向的作用($p<0.01$),说明课堂管理效能每提高一个标准差,学生的化学成绩将会降低 0.083 个标准差。因此,就化学科目而言,教师让学生遵守课堂纪律等行为的效能对于学生成绩并没有促进作用,甚至有显著的反向作用;教师让学生更多参与课堂对于学生成绩有显著的促进作用。进一步分析教师课堂行为对于学生化学成绩的作用大小,可以看到 ICC 的变化值是 0.008,即教师自我效能感大约能解释学生化学成绩 0.8%的差异。

第(4)列是教师专业发展对于学生化学成绩的影响,其中聚焦课程内容、专家指导和支持、学习共同体对于学生成绩有正向的作用,但是并不显著;融入主动学习、使用有效的示范及模范对于成绩有负向作用,但不显著。因此,化学教师的专业发展并不会直接显著影响学生的化学成绩。同时,ICC 的变化值约等于 0.002,即教师专业发展大约能解释学生化学成绩 0.2%的差异。

第(5)列是教师感受到的学校支持对于学生化学成绩的影响,其中未来发展机会、倦怠感均对于学生成绩有负向的作用,但是并不显著;职业认同对于学生成绩有正向的作用,但不显著。因此,化学教师的学校支持并不会直接显著影响学生的化学成绩。同时,ICC 的变化值约等于 0.002,即学校支持大约能解释学生化学成绩 0.2%的差异。

综上所述,在化学科目中,教师专业发展、学校支持对于学生成绩没有显著的作用,但是能够解释一定学生成绩的差异。教师职前准备中教学知识对学生成绩有显著的负向作用;教师课堂行为中的认知激活对学生成绩有显著的负向作用；教师自我效能感中的课堂管理效能对学生成绩有显著的负向作用，学生参与对于学生成绩有显著的正向作用。

表 7.5　教师行为和学校支持对学生化学成绩的影响

分类标准	（1）	（2）	（3）	（4）	（5）
中考成绩	0.232***	0.230***	0.230***	0.230***	0.230***
	(0.010)	(0.010)	(0.010)	(0.010)	(0.010)
内容知识	0.020				
	(0.030)				
教学知识	-0.050*				
	(0.028)				
课堂组织		0.009			
		(0.025)			
认知激活		-0.055**			
		(0.023)			
学生参与			0.097***		
			(0.027)		
课堂管理			-0.083***		
			(0.029)		
多元教学策略			-0.019		
			(0.027)		
聚焦课程内容				0.020	
				(0.048)	
融入主动学习				-0.033	
				(0.035)	
使用有效的示范及模范				-0.013	
				(0.042)	
专家指导和支持				0.010	
				(0.050)	
学习共同体				0.004	
				(0.035)	
未来发展机会					-0.037
					(0.029)
职业认同					0.049
					(0.033)

续表

分类标准	（1）	（2）	（3）	（4）	（5）
倦怠感					−0.023
					(0.031)
教师特征变量	控制	控制	控制	控制	控制
毕业年份	控制	控制	控制	控制	控制
学校固定效应	控制	控制	控制	控制	控制
常数项	0.647*	1.269***	0.879**	1.080***	1.062***
	(0.369)	(0.377)	(0.372)	(0.394)	(0.378)
var(_cons)	0.027	0.026	0.024	0.027	0.027
	(0.005)	(0.005)	(0.004)	(0.005)	(0.005)
var(Residual)	0.424	0.412	0.412	0.412	0.412
	(0.007)	(0.006)	(0.006)	(0.006)	(0.006)
ICC	0.060	0.059	0.055	0.061	0.061
	(0.010)	(0.010)	(0.009)	(0.010)	(0.010)
△ICC	0.003	0.004	0.008	0.002	0.002
样本量	7739	8192	8192	8192	8192
chibar2(01)	***	***	***	***	***

注：括号内为标准误；*、**、***分别代表 10%、5%、1%显著性水平上显著；△ICC 表示表 7.5 的 ICC 相对于表 6.3 第（3）列 ICC 的减少值。

7.3 本章实证研究结论与讨论

本章在描述教师行为和学校支持的基础上分学科估计了教师行为和学校支持对学生成绩的作用。根据上述实证研究结果，相关实证研究结论与讨论如下。

（1）不同科目之间的教师行为存在差异。根据描述性统计分析结果可以发现，语文教师教学中的自我效能、参与各种教师专业发展活动的频率等明显高于数学和化学教师。这可能是由于学科知识的差异造成，不同科目对于教师的能力要求存在差异。

（2）不同科目之间教师行为对学生成绩的影响存在差异。从总体上来看，不同科目之间的研究结论存在差异，最可能的原因是选取因变量的不同。彭湃等（2015）的研究也指出学校的增值在各个学科之间的一致性并不高。选取语文、数学或化学成绩作为因变量，本身就存在测量学生学习成果的片面性。如果采用标准化的阅读、数学等测试工具，可能会发现不一样的问题和结论。另外教育产出并非仅仅是学业成绩，还有学生的价值观、非认知能力等，如果这些产出是可以测量的变量，将其作为因变量得出的结论可能与现在的结论也有很大差异。

（3）在语文科目中，教师行为中的职前准备会直接显著影响学生的语文成绩，其他行为对于学生的语文成绩没有显著的影响作用，其中内容知识显著负向影响学生成绩，教学知识显著正向影响学生成绩。同时，教师职前准备大约能解释学生语文成绩0.5%的差异。

现有研究一般认为教师的准备工作是学生成绩的重要预测指标，根据语文科目的回归结果，教师职前准备确实显著影响学生成绩，其中内容知识显著负向影响学生成绩与一些研究的结论完全相反，例如刘晓婷等（2016）的研究结果表明，教师数学知识的储备与学生成绩呈显著性正相关。Monk（1994）研究表明教师对其所学内容的了解程度对学生的学习成绩有积极影响。而教学知识显著正向影响学生成绩与部分研究相契合，Baumert等（2010）证实了特定教师专业知识与高质量教学和学生学习的相关性。

（4）在数学科目中，教师职前准备、课堂行为、学校支持对于学生成绩没有显著的作用，但是课堂行为、学校支持能够解释一定学生成绩的差异。教师自我效能感中的课堂管理效能对学生成绩有显著的负向作用，多元教学策略对于学生成绩有显著的正向作用；教师专业发展中使用有效的示范及模范的专业发展活动对学生成绩有显著的负向作用，参与学习共同体的活动对学生成绩有显著的正向作用。

根据数学科目的研究结果，课堂管理效能对学生成绩有显著的负向作用，已有研究认为课堂管理是促成学生学习和学生成绩的有力预测指标，积极的课堂管理与学生成就有密切关系。这里教师感受到的课堂管理效能可能并非积极的课堂管理，如果教师觉得掌控课堂的程度比较高，可能恰恰会抑制学生积极参与课堂教学过程和讨论过程。

多元教学策略对于学生成绩有显著的正向作用与部分研究相契合，在多元教学策略方面效能感更高的教师更愿意学习并尝试新的方法和策略来满足学生的需求,他们不断寻找帮助学生克服学习问题的方法。参与学习共同体的活动对学生成绩有显著的正向作用与大部分研究相契合,一般认为教师的学习共同体可以在支持教师反思中发挥作用,有利于学生成绩的提高。

(5)在化学科目中,教师专业发展、学校支持对于学生成绩没有显著的作用,但是能够解释一定学生成绩的差异。教师职前准备中教学知识对学生成绩有显著的负向作用;教师课堂行为中的认知激活对学生成绩有显著的负向作用;教师自我效能感中的课堂管理效能对学生成绩有显著的负向作用,学生参与对于学生成绩有显著的正向作用。

除了上述在语文、数学科目中已经讨论到的要素,在化学科目中学生参与的作用与已有研究相契合。已有研究表明学生参与作业和活动、积极的行为管理与学生成就有密切关系。

第八章 教师有效性的机制分析

本章在第七章的基础上探讨教师行为影响学生成绩的机制，由于在第七章中语文教师的行为仅职前准备对学生成绩有显著作用，再结合国内外的相关研究很少将语文科目作为研究对象，因此本章仅选取数学和化学两个科目进行机制分析。首先，在已有理论和第七章实证结果的基础上，构建出"成长—实践—增值"概念模型，并进一步采用多层线性回归对教师成长行为影响学生成绩的机制进行初步探索。其次，采用一般线性回归（OLS）分析教师成长行为与教师教学实践活动之间的关系。

8.1 教师行为影响学生成绩的机制初步探索

8.1.1 机制分析的原理

机制分析即分析影响路径或渠道，机制分析依赖于研究主题和理论逻辑。如果自变量 X 与因变量 Y 之间的关系非常明确，无论理论文献还是实证分析都表明 X 直接对 Y 产生影响，那么此时不需要进行机制分析。如果理论逻辑认为中介变量 M 是 X 影响 Y 的机制，那么就需要分析 X 是否通过 M 影响 Y。图 8.1 是机制分析示意图，如果 X 直接影响 Y，其影响系数即为图中的 c；如果 X 通过 M 影响 Y，其总效应即为 ab，如果 c'显著，M 是部分中介效应，如果 c'不显著，M 为完全中介效应。

在第七章的实证研究分析结果中有两点值得进一步探索：（1）对于学生成绩有影响的教师行为是否存在中介因素，根据已有的文献和理论，教师的成长行为需要有载体传导至学生成绩，例如在数学科目中教师参与集体备课等学习共同体活动，通过什么方式或载体影响学生成绩需要进一步研究；（2）很多教师成长行为没有直接促进学生成绩的提高，例如数学科目中教师的教师职前准备，参与聚焦课程内容、融入主动学习等专业发展活动均未对学生成绩产生直接影响，但是在现实认知和已有研究中这些因素有发挥作用，是否因为自变量之间的共线性等统计方法因素导致回归结果不显著，需要进一步探索。

对于上述的第（1）点问题，本研究采用社会科学研究中比较常见的方法进行机制分析，步骤分为两步：第一步做基准回归，将 Y 对 X 做回归，得到 X 的回归系数和显著性；第二步，在自变量中加入 M，将 Y 对 X 和 M 同时做回归，假设 X 会通过 M 影响 Y，在第二步同时将 X 和 M 加入回归时，相对于基准回归 X 应该会不显著或者显著性有较大下降。该机制分析的原理和方法与验证工具变量外生性的思路一致。第一步的基准回归在第七章中已经呈现并分析，因此只需要进行第二步分析。

对于上述第（2）点问题，本研究采用 OLS 回归，将每一项教师实践活动对教师成长行为进行回归，分析每个回归结果中教师成长行为的显著性。

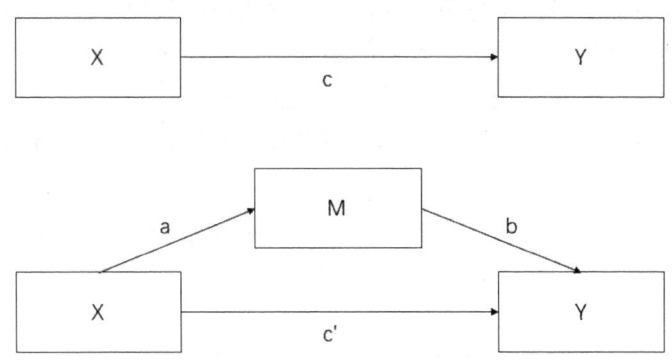

图 8.1　机制分析示意图

Yoon 和 Duncan（2007）研究指出教师的专业发展首先提高教师相关的知识技能，其次是提高教师课堂教学实践，最后才能提高学生成绩。Desimone（2009）在此基础上，总结了众多相关研究作为支撑和基础，提出了教师有效性的一个概念框架，该框架包括了教师专业发展的关键特征、教师知识和理念、课堂实践与学生成绩之间的相互影响的关系，如图 8.2 所示。在这个框架之中，第一个环节是教师接受有效的专业发展；第二个环节是教师专业发展促进教师的知识和技能改善，改变了他们的态度和理念；第三个环节是教师用新知识和技能、或转变的态度和理念来改善教学内容或教学方法，或两者兼而有之；第四个环节是教学改变促进了学生的学习。四个环节并不是单向递进关系，而是双向促进关系。在四个环节之外，框架也包括一些个人、学校和环境因素：（1）学生的个人特征；（2）教师的个人特征；（3）班级、学校、学区等环境因素；（4）各层级政府和相关政策环境。

Desimone（2009）框架中主要环节之间的关系有相关研究作为支撑：（1）教师的知识、技能和学生成绩；（2）教学实践和学生成绩；（3）专业发展和教师实践；（4）教师专业发展和学生成绩。也有一些研究将上述关键环节和关系都包括在内。该框架基本上包含了所有教师专业发展活动如何影响学生学习的基本的元素，使得研究观察和测量的指标相对一致和稳定，并为相关的实证研究提供讨论和对话的基础。同时该框架也对时间先后顺序提供了一定的支持和证据。张民选等（2015）也提出教师的教育教学经验中蕴藏着大量的教育知识，教师有发现和建构教育知识的独特优势，应当引导教师的隐性知识显性化，让教师真正成为教育知识的发现者和建构者。穆洪华等（2017）也研究发现小学数学教师的专业发展活动对于其课堂教学策略具有极其显著的正向预测作用。

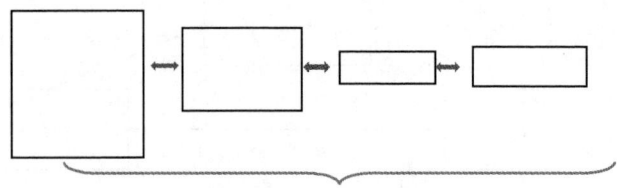

图 8.2　教师专业发展如何影响教师及学生成绩的理论研究框架①

---

① Desimone L M. Improving impact studies of teachers' professional development: Toward better conceptualizations and measures[J]. Educational researcher, 2009, 38(3): 181-199.

虽然 Desimone（2009）的框架所包含的要素齐全，但是在实际使用中有一定困难，原因如下：（1）框架的逻辑链条依旧较长，在实际操作中可能难以包含所有环节和要素；（2）该框架为了突出教师专业发展主题，将教师专业发展作为框架的第一环节，并与第二环节分开，但是前两个环节可以进一步归纳为教师成长行为；（3）在第二环节之中通过量表测量教师态度和理念转变尚且可行，但是教师知识和技能增长测量难度较大，而且教师增长的知识是否是授课科目和学生所需要的难以认定。

为了适应实证研究的需要，本研究在进行机制分析时，根据实际情况将 Desimone（2009）框架归纳和简化，提出了"成长—实践—增值"概念模型，如图 8.3 所示。该框架将教师行为概括为两类：（1）教师成长行为，包括职前准备、专业发展等；（2）教师实践活动，包括一系列教师在课堂或教学过程中的活动。教师的行为都可以归纳为成长行为或实践活动，根据 Desimone（2009）框架和已有文献的研究基础，该框架认为教师成长行为通过实践活动影响学生成绩。"成长—实践—增值"概念模型将会作为接下来分析的理论逻辑。

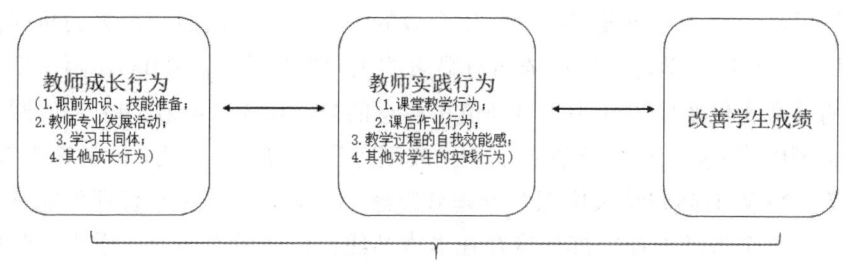

图 8.3 "成长—实践—增值"概念模型

8.1.2 数学科目

在第七章的实证分析结果中，数学教师的成长行为中职前准备、聚焦课程内容、融入主动学习、专家指导和支持对于学生成绩没有显著的作用；使用有效的示范及模范的专业发展活动、参与学习共同体的活动对学生成绩有显著的作用。教师实践活动中课堂管理效能、多元教学策略对学生成绩有显著的作用。

为了分析教师成长行为是否通过教师实践活动影响学生数学成绩，本研究在控制了学生个人特征、学校固定效应、教师特征变量之后，采用多层线性回归估计了教师实践活动是否是教师成长行为影响学生成绩的机制，如表8.1所示。在表7.4第（4）列的基础上，表8.1的第（1）列同时加入教师实践活动中的多元教学策略变量和教师成长行为中的5个教师专业发展变量作为自变量，与表7.4的第（3）列和（4）列对比可以发现，在未加入多元教学策略的时候，教师专业发展中的使用有效的示范及模范有显著的负向作用（$p<0.1$），学习共同体有显著的正向作用（$p<0.1$）；加入多元教学策略变量之后教师专业发展的五个变量对于学生数学成绩的影响均不显著，因此根据上述理论逻辑和机制分析的方法，在一定程度上验证教师专业发展通过教师课堂的多元教学策略效能感影响学生的数学成绩。

在表7.4第（4）列的基础上，表8.1的第（2）列同时加入教师实践活动中的课堂管理变量和五个教师专业发展变量作为自变量，但是回归结果显示教师专业发展中的使用有效的示范及模范依旧有显著的负向作用（$p<0.1$），学习共同体依旧有显著的正向的作用（$p<0.05$），两个变量的系数变化幅度也较小。另外值得注意的是，在表7.4第（4）列的回归结果中，课堂管理效能感对于学生成绩有显著的负向作用，但是在表8.1第（2）列的回归结果中课堂管理效能感不显著，推测课堂管理效能感可能与五个教师专业发展变量存在多重共线性，变量之间对于学生数学成绩的解释重叠度较高。

综上分析，可以一定程度上验证使用有效的示范及模范、学习共同体等教师专业发展通过多元教学策略效能感影响学生的数学成绩。

表8.1 教师行为影响学生成绩的机制分析（数学）

分类标准	（1）	（2）
中考成绩	0.278***	0.277***
	(0.008)	(0.008)
多元教学策略	0.042***	—
	(0.016)	—

续表

分类标准	（1）	（2）
课堂管理	—	-0.020
		(0.016)
聚焦课程内容	0.037	0.041
	(0.028)	(0.028)
融入主动学习	-0.022	-0.017
	(0.026)	(0.026)
使用有效的示范及模范	-0.044	-0.049*
	(0.027)	(0.027)
专家指导和支持	0.026	0.034
	(0.031)	(0.031)
学习共同体	0.019	0.038**
	(0.018)	(0.018)
性别	-0.072**	-0.058*
	(0.034)	(0.035)
研究生学历	-0.031	-0.033
	(0.043)	(0.044)
师范生	-0.044	-0.045
	(0.067)	(0.068)
非事业编	-0.052	-0.077
	(0.098)	(0.099)
高级职称	0.087**	0.071
	(0.043)	(0.043)
教龄	0.080	0.095
	(0.083)	(0.084)
教龄的平方	-0.010	-0.011
	(0.010)	(0.010)
骨干教师	0.096**	0.099***
	(0.038)	(0.038)
学科带头人	0.087**	0.094**
	(0.044)	(0.045)
无行政职务	0.043	0.031
	(0.046)	(0.046)
教学获奖	-0.016	-0.026
	(0.038)	(0.039)

续表

分类标准	（1）	（2）
文理科	控制	控制
毕业年份	控制	控制
学校固定效应	控制	控制
常数项	0.523**	0.505**
	(0.218)	(0.220)
ICC	0.063	0.065
	(0.008)	(0.008)
样本量	12491	12491
chibar2(01)	***	***

注：括号内为标准误；*、**、***分别代表10%、5%、1%显著性水平上显著。

8.1.3 化学科目

在第七章的实证分析结果中，化学教师的成长行为中教师专业发展对于学生成绩没有显著的作用，而教师职前准备中教学知识对于学生成绩有显著作用。教师实践活动中认知激活、课堂管理效能感、学生参与效能感对于学生成绩有显著作用。

为了分析教师成长行为是否通过教师实践活动影响学生化学成绩，本研究在控制了学生个人特征、学校固定效应、教师特征变量之后，采用多层线性回归估计了教师实践活动是否是教师成长行为影响学生成绩的机制，如表8.2所示。在表7.5第（1）列的基础上，表8.2的第（1）列同时加入两个教师职前准备变量和学生参与效能感作为自变量，与表7.5的第（1）列和第（3）列对比可以发现，内容知识和教学知识的显著程度没有变化，系数的变化也不大。

表8.2的第（2）列同时加入两个教师职前准备变量和课堂管理效能感作为自变量，与表7.5的第（1）列和第（3）列对比可以发现，原本对学生成绩起到负向显著作用的教学知识和课堂管理均变得不显著，推测两个变量之间存在多重共线性，教学知识和课堂管理对于学生化学成绩的解释作用重合程度较高。

表8.2的第（3）列同时加入两个教师职前准备变量和认知激活作为

自变量，与表7.5的第（1）列和第（2）列对比可以发现，教学知识变得不显著，而认知激活依旧显著负向作用于学生成绩（$p<0.05$），因此根据上述理论逻辑和机制分析的方法，本研究认为在一定程度上验证化学教师的教学知识通过认知激活的课堂行为作用于学生成绩。

表 8.2 的第（4）列同时加入课堂管理效能感和认知激活作为自变量，与表 7.5 的第（2）列和第（3）列对比可以发现，教学知识变得不显著，而认知激活依旧显著负向作用于学生成绩（$p<0.1$）。

综上分析，可以一定程度上验证化学教师的教学知识通过认知激活的课堂行为作用于学生化学成绩。

表 8.2 教师行为影响学生成绩的机制分析（化学）

分类标准	（1）	（2）	（3）	（4）
中考成绩	0.232***	0.232***	0.231***	0.230***
	(0.010)	(0.010)	(0.010)	(0.010)
内容知识	0.004	0.023	0.020	
	(0.031)	(0.030)	(0.030)	
教学知识	−0.049*	−0.039	−0.045	
	(0.028)	(0.030)	(0.028)	
学生参与	0.048**			
	(0.024)			
课堂管理		−0.028		−0.024
		(0.026)		(0.024)
认知激活			−0.047**	−0.045*
			(0.023)	(0.024)
性别	0.053	0.034	0.052	0.044
	(0.057)	(0.058)	(0.057)	(0.054)
研究生学历	−0.147**	−0.143**	−0.144**	−0.127**
	(0.067)	(0.069)	(0.067)	(0.065)
师范生				−0.491***
				(0.131)
非事业编				
高级职称	0.214***	0.214***	0.203***	0.184***
	(0.066)	(0.067)	(0.066)	(0.061)

续表

分类标准	（1）	（2）	（3）	（4）
教龄	-0.180	-0.204	-0.259	-0.275*
	(0.171)	(0.172)	(0.171)	(0.161)
教龄的平方	0.016	0.020	0.026	0.029*
	(0.019)	(0.019)	(0.019)	(0.018)
骨干教师	0.119**	0.113*	0.098*	0.102*
	(0.059)	(0.060)	(0.059)	(0.057)
学科带头人	0.021	0.043	0.072	0.064
	(0.057)	(0.057)	(0.058)	(0.057)
无行政职务	-0.004	0.015	-0.003	-0.013
	(0.072)	(0.073)	(0.072)	(0.066)
教学获奖	0.046	0.047	0.063	0.078
	(0.050)	(0.051)	(0.051)	(0.047)
常数项	0.562	0.619*	0.756**	1.244***
	(0.366)	(0.369)	(0.367)	(0.377)
ICC	0.057	0.059	0.057	0.059
	(0.010)	(0.010)	(0.010)	(0.010)
样本量	7739	7739	7739	8192
chibar2(01)	***	***	***	***

注：括号内为标准误；*、**、***分别代表10%、5%、1%显著性水平上显著。

8.2 教师成长行为与课堂实践的关系

前述实证分析已经验证了教师的部分成长行为通过特定的课堂实践行为作用于学生成绩，但是另外需要进一步讨论的问题是教师的很多成长行为对于学生成绩没有表现出显著作用，因此有必要继续探讨教师成长行为对于教师实践活动的作用。在教师层面采用一般线性回归（OLS）研究了教师成长行为与实践活动的关系，如表8.3和表8.4所示。

8.2.1 数学科目

表8.3的回归样本是数学教师，第（1）列是教师成长行为对课堂行

为中的课堂组织的回归结果，分析可以发现教师参与学习共同体对于课堂行为中的课堂组织有显著的促进作用（$p<0.01$），教师参与学习共同体的频率每提高一个标准差，教师课堂组织的程度将会提高 0.367 个标准差；而教师职前准备、四项有效专业发展活动对于课堂组织的课堂行为均无显著影响。

第（2）列是教师成长行为对课堂行为中的认知激活的回归结果，分析可以发现，教学知识显著正向地促进教师认知激活的行为（$p<0.01$），教师的教学知识每提高一个标准差，教师认知激活的行为将会提高 0.298 个标准差；而教师的内容知识、专业发展对于教师认知激活的行为没有显著影响。

第（3）列是教师成长行为对教学过程自我效能感中的学生参与的回归结果，分析可以发现，教学知识和参与学习共同体显著正向地促进教师的学生参与效能感，教师的教学知识每提高一个标准差，教师的学生参与效能感将会提高 0.255 个标准差；教师参与学习共同体的频率每提高一个标准差，教师的学生参与效能感将会提高 0.34 个标准差；而教师的内容知识、四项有效专业发展活动对于教师的学生参与效能感没有显著影响。

第（4）列是教师成长行为对教学过程自我效能感中的课堂管理的回归结果，分析可以发现，参与学习共同体显著正向地促进教师的课堂管理效能感（$p<0.01$），教师参与学习共同体的频率每提高一个标准差，教师的课堂管理效能感将会提高 0.291 个标准差；而教师职前准备、四项有效专业发展活动对于课堂组织的课堂行为均无显著影响。

第（5）列是教师成长行为对教学过程自我效能感中的多元教学策略的回归结果，分析可以发现，教学知识和参与学习共同体显著正向地促进教师的多元教学策略效能感（$p<0.01$），教师的教学知识每提高一个标准差，教师的学生参与效能感将会提高 0.313 个标准差；教师参与学习共同体的频率每提高一个标准差，教师的学生参与效能感将会提高 0.249 个标准差；而教师的内容知识、四项有效专业发展活动对于教师的学生参与效能感没有显著影响。

综上所述，在数学科目中教师的有效专业发展活动对于教师的实践活动没有显著影响，仅教学知识和学习共同体能够显著促进部分教师的实践活动。

表 8.3 教师成长行为与实践行为的关系（数学）

分类标准	（1）课堂组织	（2）认知激活	（3）学生参与	（4）课堂管理	（5）多元教学策略
内容知识	0.063	−0.044	0.023	0.036	−0.036
	(0.080)	(0.090)	(0.084)	(0.094)	(0.088)
教学知识	0.123	0.298***	0.255***	0.052	0.313***
	(0.079)	(0.089)	(0.083)	(0.093)	(0.087)
聚焦课程内容	0.065	0.081	0.170	0.159	0.069
	(0.102)	(0.115)	(0.108)	(0.121)	(0.113)
融入主动学习	0.063	0.100	0.136	0.040	0.089
	(0.099)	(0.112)	(0.104)	(0.117)	(0.109)
使用有效的示范及模范	0.034	0.041	−0.151	−0.038	0.011
	(0.102)	(0.115)	(0.107)	(0.121)	(0.112)
专家指导和支持	0.050	0.090	0.053	0.068	0.055
	(0.120)	(0.135)	(0.126)	(0.141)	(0.131)
学习共同体	0.367***	−0.000	0.340***	0.291***	0.249***
	(0.065)	(0.073)	(0.068)	(0.077)	(0.072)
教师特征变量	控制	控制	控制	控制	控制
常数项	−0.979	0.007	−1.627**	−0.866	−0.437
	(0.691)	(0.778)	(0.726)	(0.815)	(0.760)
样本量	199	199	199	199	199
R-squared	0.371	0.260	0.360	0.193	0.278

注：括号内为标准误；*、**、***分别代表10%、5%、1%显著性水平上显著。

8.2.2 化学科目

表 8.4 的回归样本是化学教师，第（1）列是教师成长行为对课堂行为中的课堂组织的回归结果，分析可以发现，教师参与聚焦课程内容发展活动、学习共同体对于课堂行为中的课堂组织有显著的促进作用（$p<0.05$），参与聚焦课程内容发展活动频率每提高一个标准差，课堂组织的程度将会提高 0.372 个标准差；教师参与学习共同体的频率每提高

一个标准差，教师课堂组织的程度将会提高 0.405 个标准差；而教师职前准备、其他三项有效专业发展活动对于课堂组织的课堂行为均无显著影响。

第（2）列教师成长行为对课堂行为中的认知激活的回归结果，分析可以发现，教师参与聚焦课程内容、融入主动学习发展活动对于课堂行为中的认知激活有显著的促进作用（$p<0.05$），教师参与聚焦课程内容发展活动的频率每提高一个标准差，教师认知激活的程度将会提高 0.378 个标准差；教师参与融入主动学习发展活动的频率每提高一个标准差，教师认知激活的程度将会提高 0.3 个标准差；而教师的内容知识、学习共同体和其他两项有效专业发展活动对于教师认知激活的行为没有显著影响。

第（3）列是教师成长行为对教学过程自我效能感中的学生参与的回归结果，分析可以发现，参与学习共同体显著正向地促进教师的学生参与效能感（$p<0.05$），教师参与学习共同体的频率每提高一个标准差，教师的学生参与效能感将会提高 0.222 个标准差；而教师的职前准备、四项有效专业发展活动对于教师的学生参与效能感没有显著影响。

第（4）列是教师成长行为对教学过程自我效能感中的课堂管理的回归结果，分析可以发现，教学知识、参与聚焦课程内容发展活动、学习共同体显著正向地促进教师的课堂管理效能感（$p<0.1$），教师教学知识每提高一个标准差，教师的课堂管理效能感将会提高 0.326 个标准差；教师参与聚焦课程内容发展活动的频率每提高一个标准差，教师课堂管理效能感将会提高 0.35 个标准差；教师参与学习共同体的频率每提高一个标准差，教师的课堂管理效能感将会提高 0.177 个标准差；而教师内容知识、其他三项有效专业发展活动对于课堂组织的课堂行为均无显著影响。

第（5）列是教师成长行为对教学过程自我效能感中的多元教学策略的回归结果，分析可以发现，教学知识和参与学习共同体显著正向地促进教师的多元教学策略效能感（$p<0.05$），教师教学知识每提高一个标准差，教师的多元教学策略效能感将会提高 0.421 个标准差；教师参与学习共同体的频率每提高一个标准差，教师的多元教学策略效能感将会提高 0.217 个标准差；而教师的内容知识、四项有效专业发展活动对于教

师的学生参与效能感没有显著影响。

综上所述，化学教师教学知识，参与聚焦课程内容、融入主动学习的有效专业发展活动，参与学习共同体能够显著促进部分教师的实践活动。

表 8.4　教师成长行为与实践行为的关系（化学）

分类标准	（1）课堂组织	（2）认知激活	（3）学生参与	（4）课堂管理	（5）多元教学策略
内容知识	0.170	0.006	0.116	-0.098	-0.013
	(0.112)	(0.118)	(0.122)	(0.121)	(0.113)
教学知识	-0.041	0.095	0.118	0.326***	0.421***
	(0.111)	(0.117)	(0.121)	(0.120)	(0.111)
聚焦课程内容	0.372**	0.378**	-0.088	0.350**	0.143
	(0.156)	(0.165)	(0.170)	(0.169)	(0.157)
融入主动学习	-0.172	0.300**	0.129	-0.077	0.070
	(0.129)	(0.136)	(0.141)	(0.140)	(0.130)
使用有效的示范及模范	0.054	-0.196	0.136	0.139	0.072
	(0.147)	(0.155)	(0.160)	(0.159)	(0.148)
专家指导和支持	-0.035	-0.209	0.077	-0.242	-0.131
	(0.175)	(0.185)	(0.191)	(0.190)	(0.177)
学习共同体	0.405***	0.088	0.222**	0.177*	0.217**
	(0.097)	(0.102)	(0.106)	(0.105)	(0.097)
教师特征变量	控制	控制	控制	控制	控制
常数项	0.674	0.774	2.124*	-0.577	1.236
	(1.127)	(1.189)	(1.230)	(1.221)	(1.135)
样本量	124	124	124	124	124
R-squared	0.343	0.274	0.223	0.248	0.337

注：括号内为标准误；*、**、***分别代表10%、5%、1%显著性水平上显著。

8.3 本章实证研究结论和讨论

本章选取数学、化学两个科目,在第七章的基础上探讨了教师行为影响学生成绩的机制。首先采用在第七章的基础上进一步采用多层线性回归,探讨了第七章中显著影响学生成绩的教师行为是否存在中介机制;其次采用 OLS 回归分析了教师成长行为对于实践活动的影响。

基于学生成绩和教师行为匹配数据,可以验证部分教师成长行为通过实践活动影响学生成绩的机制:(1)在数学科目中,教师参与使用有效的示范及模范、学习共同体等专业发展活动的成长行为,通过教师实践活动中的多元教学策略效能感影响学生的数学成绩;(2)在化学科目中,教师的教学知识等成长行为通过认知激活的课堂实践活动作用于学生化学成绩。

如果仅考虑教师层面的数据,分析教师成长行为和实践活动之间的关系,可以得出两者之间的关系:(1)在数学科目中教师的有效专业发展活动对于教师的实践活动没有显著影响,仅教学知识和学习共同体能够显著促进部分教师的实践活动;(2)在化学科目中教师教学知识,参与聚焦课程内容、融入主动学习的有效专业发展活动,参与学习共同体能够显著促进部分教师的实践活动。

教师实践活动作为中介因素的结论与 Yoon 和 Duncan(2007)、Desimone(2009)等的相关研究思路一致,同时该实证结果也证实了"成长—实践—增值"概念模型的正确性。虽然总体上可以将数学和化学两个科目的结果都归结为教师成长行为通过教师课堂实践作用于学生成绩,但是细致研究可以发现两个科目的教师成长行为和课堂实践存在差异,这些差异需要未来更进一步的研究。

第九章 结论与政策建议

本章根据文献综述、研究假设和实证分析结果，总结学校层面和教师层面两部分的主要研究结论，并在主要研究结论的基础上给出切实可行的政策建议供利益相关者参考。同时本章也分析了本研究在理论和实践方面的创新与贡献，以及在数据方面、实证方法方面、理论解释方面的不足与未来研究方向。

9.1 主要研究发现

总体而言，本书的实证研究结论已经将第三章中的研究假设逐一证实或证伪，同时在实证分析的过程中还发现了一些研究假设之外的有意义的结论，因此本小节将根据前述实证研究结论出现的顺序进行总结和列举，如果该条研究结论涉及第三章的 8 个研究假设，分析中将会特别予以指出。

9.1.1 学校层面

（1）学生的入口成绩对于学生的出口成绩具有显著的正向影响。

增值模型相对于非增值模型的估计结果更准确，如果不控制学生的入口成绩，即采用普通的多层线性回归的估计结果会存在较大的偏误。入口成绩对于不同科目的影响存在差异，数学科目的入口成绩对于出口成绩的影响最大，化学科目的影响最小。

（2）不同学校之间的确存在增值效果的差异。

该研究结论验证研究假设 H1。在不控制任何因素的情况下，出口成绩大约 47.8%—62.0% 的变异可以分解到学校层次；采用增值模型加入中考语文成绩之后，出口成绩的校际差异减少 11.5%—15.7%；在控制了学生入口成绩、个人特征和学校资源因素之后，学生出口成绩的校际差异进一步大幅降低，语文、数学和化学科目的校际差异分别降低 36.9%、38.9%、44.7%，分别为 11.0%、18.9%、17.7%。化学和数学这类理科性质的科目，学校的增值效果会更强，而语文的增值效果相对较弱。数学相对于语文，校际差异多 7.7%。

（3）学校类别对于学生成绩有显著影响，学校整体质量变差，学生出口成绩降低。

对于语文、数学和化学科目，四类学校相对于一类学校的学生成绩低 1.272 个标准差，同理数学和化学科目，四类学校相对于一类学校的学生成绩分别低 1.413 个和 1.677 个标准差。社会关注度对于学生成绩没有显著影响。值得注意的是，此处的学校类别是教育行政部门根据学校日常情况进行的分类，而非一种制度性安排，因此仅可在一定程度上代表学校的硬件资源，不能解读为制度性安排导致的学校差异。

（4）采用增值估计的方法与采用平均成绩的方法得出的结果存在的差异。

对于所有科目，各学校之间增值分数的差异小于标准分的差异，增值最高与最低的学校相差 1.5—1.7 个标准差，而采用平均出口成绩标准分的方式，排名最前和最后的学校之间相差 3—3.4 个标准差；根据效应量的数值，增值估计和均值标准分之间的分布差异程度较大，两种估计方式对于学校的评价结果存在较大差别；存在部分学校模考成绩低于平均水平，但学校对学生增值成绩的影响为正，高于平均水平。

（5）四类学校的组内平均标准分和增值估计的结果差异较大。

一类学校作为"最好"的高中，其标准分最高，但是增值估计的分数在语文、数学、化学三科均为负数；相对而言，三类学校的标准分均为负数，但是增值估计的分数是正数。如果从选学校"性价比"的角度，三类学校更合适。

9.1.2 教师层面

（1）不同教师之间的确存在增值效果的差异。

该研究结论验证研究假设 H2。在不控制任何因素的情况下，出口成绩大约 43.1%—58.8%的变异可以分解到教师层次；控制了学生中考成绩、文理科和毕业年份之后，出口成绩大约 35.3%—47.3%的变异可以分解到教师层次，相对于零模型语文、数学、化学科目的教师差异分别降低 7.8%、11.8%、10.5%；进一步考虑学校固定效应后，教师的作用大幅下降，对于语文、数学、化学的一模成绩而言，来自不同教师带来的差异分别是 6.7%、8.6%、10.5%。由此可见，在未控制学校固定效应时"打包"的教师增值差异大部分来源于校际差异，而不是教师间的差异。

（2）增值估计方法缩小了不同类别学校教师的平均水平的差异。

采用增值模型计算的每一类别的学校教师增值平均数趋向接近于 0，由此可见，每一类学校的教师都有好有差。虽然每个科目第一类学校相对第四类学校的标准分均高 2 个标准差左右，但是其增值估计分数相差无几，因此采用一次性考试的平均分评价教师并不合理。

（3）教师不同特征变量之间存在显著相关关系。

教师研究生学历与师范生身份、高级职称、教龄呈显著负相关，在一定程度上说明目前高中学校中拥有研究生学历的教师进入学校工作的时间较短，很多研究生学历的教师还未获评高级职称；师范生身份与教龄显著正相关；非事业编与高级职称呈显著的负相关，说明没有事业编制的教师获评高级职称的可能性更低；高级职称与教龄、骨干教师、学科带头人，教龄与骨干教师、学科带头人，骨干教师与学科带头人、教学获奖呈现显著的正相关关系。

（4）每个科目的教师个人特征变量对于该科目成绩的影响存在差异。

该研究结论部分验证研究假设 H3。不同科目可能存在教师授课和学生学习的本质差异，教师性别、学历、骨干教师和学科带头人身份对于所带学生的语文成绩有显著影响；教师性别、骨干教师和学科带头人身份对于所带学生的数学成绩有显著影响；教师学历、师范生身份、拥有高级职称、骨干教师身份对于所带学生的化学成绩有显著影响。

在语文和数学科目，女性教师相对男教师对学生成绩更有促进作用，男教师所带学生成绩显著低于女教师所带学生的语文、数学成绩 0.127 个、0.083 个标准差。

在语文与化学科目，未拥有研究生学历的教师相比拥有研究生的学历的教师对成绩更有促进作用，具有研究生学历的教师所带学生的成绩显著低于非研究生学历的教师所带学生的语文、化学成绩 0.095 个、0.147 个标准差。

在三个科目，骨干教师相对于非骨干教师对学生成绩更有促进作用。骨干教师相对于非骨干教师可以显著提升学生的语文、数学、化学成绩 0.124 个、0.123 个、0.129 个标准差。

教龄不会对学生成绩产生显著影响，表现出不同科目之间的稳定性与一致性。

（5）教师特征变量能够解释部分学生成绩的教师间差异。

在多层线性回归模型中加入教师个人特征变量，语文成绩的教师间差异从 6.7% 减少到 4.6%，下降 2.1 个百分点，说明这一系列教师个人特征变量对学业成绩差异的解释率为 2.1%；数学科目从 8.6% 减少到 6.9%，化学科目从 10.5% 减少到 6.3%，说明加入的一系列教师个人特征变量对数学和化学学业成绩差异的解释率分别为 1.7% 和 4.2%。教师的个人特征变量对于化学科目的影响依次大于语文科目和数学科目。

（6）不同科目教师之间的行为存在差异，教师更注重内容知识和知识传授。

语文教师教学中的自我效能、参与各种教师专业发展活动的频率明显高于数学和化学教师。从样本教师整体水平而言，教师的职前准备自评中对于知识的准备更充足，而教学能力的准备相对不如内容知识充足；同时教学知识的标准差较大，说明样本教师的教学知识水平离散程度较高。教师自评的课堂行为更注重于知识传授；同时认知激活的标准差较大，说明样本教师对创新作业的重视水平离散程度较大。教师在教学中的自我效能感、参与四项有效专业发展活动、学习共同体、对于未来发展机会、职业认同、倦怠感的正向评价的自评得分均高于中间水平较高。教师教学过程的自我效能感较高、参与专业发展活动的频率较高，对于学校未来支持相对较满意。在学校支持维度，正向的倦怠感评价高于未来发展机会和职业认同，说明教师在工作之中的倦怠程度较低，相信自我能够完成工作任务；同时在三项学校支持自评中，未来发展机会的标准差最大，倦怠感的标准差最小，说明教师之间对于未来发展机会的评价离散程度较高，对于倦怠感的评价离散程度较低。

（7）语文教师职前准备行为会直接显著影响学生的语文成绩。

该研究结论部分验证研究假设 H4。在语文科目中，教师行为除了职前准备会直接显著影响学生的语文成绩，其中内容知识显著负向影响学生成绩，教学知识显著正向影响学生成绩；其他行为对于学生的语文成绩没有显著的影响作用。就语文科目而言，教师在毕业前专业课程所学习的学科知识、教学法、授课方法等内容知识对于学生成绩并没有促进作用，甚至有反向的作用；而教师在毕业前的跨学科技能教学、应用信息技术教学、学生发展和评价等教学知识对于学生成绩有显著的促进作用。考虑到样本语文教师中师范生的比例占 91.3%，师范类大学在语文相关专业的师范生培养上应当更注重学生跨学科技能教学等教学知识。同时，教师职前准备大约能解释学生语文成绩 0.5%的差异。

（8）数学教师的课堂管理效能感、多元教学策略效能感、使用有效的示范及模范的专业发展活动、参与学习共同体的活动会直接显著影响学生的数学成绩。

该研究结论部分验证研究假设 H4 和 H5。在数学科目中，教师职前准备、课堂行为、学校支持对于学生成绩没有显著的作用，但是课堂行为、学校支持能够解释一定学生成绩的差异。教师自我效能感中的课堂管理效能对学生成绩有显著的负向作用，多元教学策略对于学生成绩有显著的正向作用；教师专业发展中使用有效的示范及模范的专业发展活动对学生成绩有显著的负向作用，参与学习共同体的活动对学生成绩有显著的正向作用。

（9）化学教师的教学知识、认知激活、课堂管理效能感、学生参与效能感会直接显著影响学生的化学成绩。

该研究结论部分验证研究假设 H4 和 H5。在化学科目中，教师专业发展、学校支持对于学生成绩没有显著的作用，但是能够解释一定学生成绩的差异。教师职前准备中教学知识对学生成绩有显著的负向作用；教师课堂行为中的认知激活对学生成绩有显著的负向作用；教师自我效能感中的课堂管理效能对学生成绩有显著的负向作用，学生参与对于学生成绩有显著的正向作用。

（10）学校支持不会对学生成绩产生显著的直接影响，该结论在三个科目之间存在一致性。

该研究结论否定了研究假设 H6。实证研究结果表明三个科目的教师感受到的学校支持并未对该科目学生成绩产生显著的影响。

（11）教师实践活动是教师成长行为影响学生成绩的中介机制。

该研究结论验证研究假设 H7。基于学生成绩和教师行为匹配数据，可以验证部分教师成长行为通过实践活动影响学生成绩的机制：(a) 在数学科目中，教师参与使用有效的示范及模范、学习共同体等专业发展活动的成长行为，通过教师实践活动中的多元教学策略效能感影响学生的数学成绩；(b) 在化学科目中，教师的教学知识等成长行为通过认知激活的课堂实践活动作用于学生化学成绩。

（12）教师的成长行为会对教学实践产生影响。

该研究结论验证研究假设 H8。如果仅考虑教师层面的数据，在数学科目中教师的有效专业发展活动对于教师的实践活动没有显著影响，仅教学知识和学习共同体能够显著促进部分教师的实践活动；在化学科目中教师教学知识，参与聚焦课程内容、融入主动学习的有效专业发展活动，参与学习共同体能够显著促进部分教师的实践活动。

综上所述，研究结论验证了研究假设 H1、H2、H7、H8；部分验证了研究假设 H3、H4、H5；否定了研究假设 H6。同时对于第一章中本研究提出的三个研究问题，研究结论部分均给予了回应。

9.2　进一步讨论

9.2.1　不同科目结论的一致性与稳定性

差异化的教师效能理论所强调的其中两个维度即是教师对学生成绩影响的一致性和稳定性，通过本研究的结果可以清楚地看到教师行为对于学生成绩的作用大部分没有一致性，不同科目之间的回归结果存在差异，例如，在语文科目中发挥作用的教师职前准备行为在数学科目中并没有发挥作用。原因可能有如下两点。其一，不同科目的知识基础和知识形成方式不同，例如，语文科目需要学生的长期知识积累，教师短期内改变学生知识积累的效果不明显；相反而言，数学科目需要一定解决问题的技巧，考试技巧性更高，因此"好"教师可以迅速帮助学生掌握解题技巧，从而对于学生的作用可能更明显。其二，学好不同科目所需的学生能力和教师能力可能存在差异，例如语文科目的学习需要有一定的创新力和想象力，因此教师在入职前的内容知识准备越充分，越可能让教师依赖于已有知识的积累，而减少创新，进而难以激活学生的创新力和想象力；相反而言，数学科目更需要学生冷静的逻辑思维能力和聚焦问题的能力，因此教师多元化的教学策略作用更明显。

在同一科目之中，采用不同次测试成绩（例如一模、二模、实际高考等），教师行为对于学生成绩的影响是否有稳定性，依旧值得进一步探讨。相关研究例如彭湃等（2015）的研究指出学校的增值在各个学科之间的一致性并不高。但是由于本研究仅选取了一模成绩作为学生出口成绩的衡量标准，因此未涉及稳定性的讨论。

9.2.2 不同学校之间的教师行为的差异

不同学校的组织形式、组织制度和组织氛围存在差异，这些差异造成了教师在职业发展中能力提升的差异，不同地区的学校或同一地区不同学校之间可能更关注不同的教师能力，相关研究例如朱小虎和张民选（2019）分析 TALIS 数据表明，上海和经合组织的教师对不同专业发展活动主题的需求程度存在差异，经合组织教师对跨学科技能需求更强，而对学科知识、课程知识等的需求低，但是上海教师更需要所教学科领域的教学能力等。因此，在研究教师对于学生成绩的影响时，必须将学校作为考虑的一个方面。在本研究中，为了让估计结果更准确，采用了学校固定效应模型作为解决学生和教师嵌套于学校的一种方法，虽然这样在最终的统计结果上控制了学校的影响，但是弊端在于也无法区分出学校对于教师的影响。通过学校固定效应的估计结果，仅可看出一些学校之间存在显著差异，难以得出更详细的结论。

另外，如果考虑学校之间的差异，不同学校同样的教师行为可能对学生的作用也存在差异，这些都值得进一步地探究和分析。

9.2.3　现行管理体制对有效教师的识别作用

研究有效教师的一个重要作用即是分析现行管理体制对教师管理的有效性。本研究的实证结果可以侧面证明现行管理体制能够识别有效教师，获得骨干教师等称号的教师能够更加促进学生学习成绩的进步。这个结论与国外相关的研究一致，如果现行的管理体制能够识别有效教师，教育行政部门应当尽量地多赋予学校自主权。同时，更多地学校自主权也可以促进学校的组织形式创新。

9.2.4　海淀区高中教育办得好的一些思考

北京市海淀区是全国最优质教育资源聚集地之一，坊间常言"全国教育看北京，北京教育看海淀"，说明海淀区教育颇具优势和特色。本研究以海淀区高中学校作为样本，理应对海淀区高中教育办得好的原因做出一些推论，但是由于本研究没有北京市其他区域或其他城市的数据，因此无法得出非常确切的结论。结合本研究的实证研究结论，分析海淀区高中教育办得好的原因可能有以下两点：一是海淀区高中的生源相对北京市其他区县更好，我们的实证研究证实了学生的入口成绩（中考成绩）对于出口成绩的影响很大且显著，海淀区的高中一旦取得了较好的成绩和声誉，会吸引更多优质的生源报考，因此形成比较良性的循环；二是海淀区高中在教师专业发展方面的投入较高，从教师参与专业发展活动的数据可以看出海淀区高中教师参与教研活动的频率较高，而本研究的实证研究结果也表明部分教师专业发展活动最终会通过教师的教学实践活动影响学生成绩提升。

9.3 政策建议

基于上述实证研究结论，结合当前中小学教育和教师的现实状况，针对学生或家长、学校、政府三个利益相关主体提出政策建议。

第一，构建多角度、多维度学校和教师评价体系。传统以出口考试（高考、中考等）评价学校和教师的方法存在固有的缺陷。对于学校，"头部"学校在录取学生时能够"掐尖"抢占先机，固化了学校的地位和排序，不利于激活学校的活力。对于教师，由于学生入口质量存在差别，直接采用出口成绩的评价方式掩盖了教师在教学过程中的努力，不利于给予教师正确合理的评价。构建多维度的学校和教师评价体系，将增值评价方式纳入多维评价体系，能够激活学校和教师的活力，也有利于学生或家长合理正确地选择合适的学校就读。当然，考虑到第三章中分析到的增值模型的弊端，也不宜改用增值模型作为唯一的评价方式。教育行政部门需要统筹考虑传统评价方式与增值模型评价的利弊，构建合理的多维评价体系。

第二，合理优化教师结构。当前学校对于教师的评价体系基本有效，高级职称与教龄、骨干教师、学科带头人，教龄与骨干教师、学科带头人，骨干教师与学科带头人、教学获奖均呈现显著的正相关关系，但是也体现出一定"论资排辈"的特征。学校应当加强年轻教师的培养，将更多年轻教师培养成骨干教师，从而提升教育教学质量。同时在选择教师时注重科目差异，合理优化教师的性别结构、学历结构，对于教师的挑选不盲目追求高学历，合理看待教师的教龄等个人特征因素。职前准备能够显著影响学生成绩的语文科目，因此应更注重筛选高素质、教学知识强的应聘者进入语文教师职业。

第三，制定更精准的教师培训体系、更精准的教师财政投入计划。通过实证分析结果也可以发现不同科目的教师行为对于学生成绩的影响没有一致性，因此应该进一步分科目确认具体教师专业发展等成长行为、课堂行为等教学实践活动的作用，在此基础上分科目制定更精准的教师培训体系，给予教师合理的培训促进教师的成长和教学实践的创新。同时教育财政中教师培训财政支出也需要进一步细化，并且应当制定教师财政的评估体系，督促教育管理部门或学校将财政支出用在能够提高学生培养质量的教师发展活动或实践活动上。

第四，优化教师支持氛围，创造适宜教育教学创新的学校环境。本研究所选取的样本学校对于教师的支持较好，并且教师所感受到的学校支持没有显著影响学生成绩。但是学校的氛围依旧值得关注并不断优化，在一个良好的学校环境中能够缓解教师的职业倦怠感，提高教师的职业认同感，进而可能有利于学生发展。

9.4 研究创新与贡献

9.4.1 理论方面

整体而言，本研究是将传统教育经济学与传统教师教育研究相结合的一次有益尝试和探索，理论贡献和创新主要包括三个方面。

（1）多角度、多维度学校和教师评价体系是更适合的教育评价方法。传统上对于学校、教师和学生的评价均是采用终结性评价，即以学生的一次考试成绩作为评价标准。这种评价方式并不科学，由于不同高中招收的学生质量差异较大，这种评价方式会导致学校不断分化，"强者越强"，优质高中因为能获得优质的生源，在最终的出口评价测试（如高考）上占尽先机。本研究采用真实的学生成绩测试成绩，验证了增值模型相对于非增值模型的估计结果更准确，说明了增值性评价模型相对于传统均值评价更科学合理，为教育评价方法的更新和改进提供了实证证据，也为未来教育主管部门对于学校进行绩效考核评估时采用增值性评估提供依据。但是考虑到增值模型受班级影响较大，随机分班等前置条件难以实现，导致估计结果可能有偏，因此本研究建议构建多角度、多维度学校和教师评价体系，将增值评价与传统均值评价结果综合考虑和应用。

（2）拓展了教育生产函数。本研究将教育经济学中的教育生产函数与有效学校理论、教师有效性理论相结合，并且采用数据和实证研究方法进行验证。现有研究表明经过数十年的发展，无论是从教育投入角度，还是教育产出角度，教育生产函数从理念到实证研究已经有较多积累。但是从"教育投入"到"教育产出"之间如何发挥作用的"黑箱"依旧值得探索和实证论证，通过多维度教师行为对学生成绩作用的分析，可以为教师研究提供一些证据和方向，因此对于教育生产函数有一些细微的拓展和理解。

（3）提炼总结了"成长—实践—增值"概念模型。本研究在 Desimone（2009）总结的理论框架基础上，根据实证研究结果提炼总结了"成长—实践—增值"概念模型，探讨了教师的职前准备、专业发展活动、学习共同体等成长行为是否通过教师的教学实践活动作用于学生成绩。该模型更简洁明了，在实际的实验设计和实证分析中更简便易行。

9.4.2　实践方面

从不同利益相关者视角进行分类，本研究在实践方面的贡献和创新主要包括以下三个方面。

（1）为政府教育管理部门和高中学校提供了采用多种评价方法的借鉴和证据。改革评价方式是促进区域内高中教育均衡发展的第一步。教育增值模型为教育问责提供了客观、规范的标准。本研究以北京市海淀区高中学校为例，为海淀区的高中提供了增值性评价结果和排序，通过增值性评价结果和常规评价结果的对比，可以更清晰显示具体某一所高中在全海淀区所处的位次。海淀区政府基于增值性评估的结果，可以为未来海淀区政府调整不同高中教育资源投入提供实证依据。另外作为可拓展的实证研究方法，本研究提供了一个范例，并非局限于海淀区，其他城市或地区也可以采用此评价方法。

（2）为中小学教师队伍建设包括专业发展、实践活动等提供实证依据。基于本研究的实证结论，中小学可以有针对性地进行教师培养。教师的职前准备、专业发展活动、学习共同体等因素并非全部对学生成绩产生显著影响。同时不同科目的教师行为对于学生成绩的影响存在差异，同一学校之内，不同科目的教师应当采取不同的专业发展培训，引导不同的教学实践活动。通过本文的实证分析可以为未来高中学校的教师招聘、培养等过程提供参考。

（3）为学生和家长选择高中学校提供借鉴和帮助。本研究的增值评价结果可为北京市海淀区的家长和初中毕业生选择高中学校提供借鉴和帮助。同时增值评价的结果表明一类学校作为"最好"的高中，其标准分最高，但是增值估计的分数在语文、数学、化学三科均为负数；相对而言，三类学校的标准分均为负数，但是增值估计的分数是正数。如果从选学校"性价比"的角度，三类学校更合适。当然，本研究只是以海淀区作为范例，并非局限于海淀区，其他地区也可以采用增值评价方法选取"性价比高"的学校。

9.5 研究的不足与进一步研究方向

9.5.1 数据方面

（1）事后回溯数据无法进行严格的因果推断研究。本研究基于学生成绩的行政管理数据和教师问卷，虽然学生数据包括了入口成绩和出口成绩，但是教师数据仅为同一个时间点采集的问卷数据，学校数据也是一次采集的截面数据，将学生、教师、学校数据进行匹配使用，本质上属于事后回溯的横截面数据。因此虽然能够估计学校和教师对学生的增值影响，但只能够基于横截面数据分析教师个人特征、成长行为、实践活动与学生成绩之间的相关关系，而不是必然的因果机制。本研究的机制分析和因果性推理更多来源于先验理论和假设，基于已有研究和理论对实证结果进行合理推测。如果实际情况条件允许，最佳的方式是进行跟踪评价，采集基线数据、过程数据和结果数据，组成纵贯数据进行因果推断。

（2）量表的测量尺度过小，对量表的测量精确度有待提高。本研究的教师问卷部分题目来源于设计严谨的 TALIS 2013 和 TALIS 2018 问卷，因此教师问卷结构和内容相对清晰，同时方便与 TALIS 调查数据进行对比研究。TALIS 和本研究问卷量表基本都是采用了 4 点或 5 点尺度李克特量表（Likert scale），目前更多的量表采用 7 点尺度，能够对研究对象的测量更精确。

（3）由于现实状况限制，未收集学生问卷和校长问卷。由于突如其来的新型冠状病毒疫情的影响，本研究原计划现场收集的学校问卷无法如期完成。同时，由于本研究涉及的 2016—2019 年高三毕业生已经离校，难以联系追踪学生再做学生问卷。如果实际情况允许，同时收集学生问卷和校长问卷，会使研究更严谨。其中学生问卷包含学生的个人特征、家庭社会资本、父母背景的因素；校长问卷包括学校规模、基础设施、教师薪酬等事业和经费投入数据，也包括学区环境、学校环境、氛围和行政管理制度等数据。将这些学生个人因素和学校因素收集并加以控制，会使估计结果更准确。

（4）教师问卷未收集教师教学创新方面的数据。教师在教学过程中的创新是评价教师工作的另外一个维度，在近几年教师教育等领域，教学创新已经成为一个热门话题，深入挖掘教师教学创新能够进一步改善教学效果，但是本研究的教师问卷并未收集相关的变量。

9.5.2　实证方法方面

（1）仅使用学生—学校、学生—教师两层模型，未使用学生—教师—学校三层模型。

虽然本研究构建了学生—教师—学校三层数据集，但是在实际分析的过程中仅使用学生—学校、学生—教师两层模型，未使用学生—教师—学校三层模型。原因在于多层线性模型对于样本数量的限制，一般认为层与层之间需要达到样本量 10—20 倍的差距，在本研究中总的学生数量大约在 3.8 万人，教师数量 540 余人，学校 60 所左右，因此使用学生—学校、学生—教师两层模型完全符合多层线性模型对于样本数量的要求，但是如果采用学生—教师—学校三层模型，教师与学校之间达不到 10 倍的模型要求，分析效果较差。

（2）多层线性回归方法难以推断因果性。本研究采用基于增值模型的多层线性回归方法，是比较传统的分析方法，难以识别教师和学校影响学生成绩的因果性。为了能够更加客观地评价某一类学校/教师行为对学生带来的影响，并揭示其机制和影响路径，最可靠的方式是采用随机干预实验（Randomized controlled trials，RCTs）的方法，设计完善的实验组和对照组，尽量控制教师和学校之间的差异，然后对其施予不同的干预，从而计算干预之后教师和学校对于学生的影响。建议在未来的研究中以教师行为的实验研究为设计框架，重点聚焦于特定的教师成长行为和实践活动，通过实验设计将教师分为参与和不参与（或参与部分）两组，对项目进行基线、过程以及结果全程跟踪，尝试收集多维度的教师数据，更好地探索教师是如何影响学生学习和学业成绩的问题。目前已有类似研究 Roth 等（2011）基于理科教师从课程分析中学习（Science Teachers Learning from Lesson Analysis）项目，将同时参与学科内容和学科教学法学习的教师与一组仅仅参加学科内容学习的教师进行对比，以分析他们倡导和组织实施的学科教学法培训是否能够促进学生的学习，提高学生的学业成绩。但是 RCTs 也并非完美的方法，如果研究样本较大的情况下，实施成本也较高，同时施予不同的干预对于学生成绩产生的影响值得谨慎考虑。

（3）未探讨不同学业基础的学生亚群体的异质性。虽然本研究分科目进行了差异分析，但是考虑到需要聚焦当前研究主题，因此对于不同学生群体的异质性分析讨论较少，不同学生亚群体的异质性分析是未来进一步研究的方向和重点。

9.5.3 理论解释方面

（1）对于内在机制的解释有待进一步研究。本研究以教育生产函数和有效学校理论为切入点，在分析教师行为影响机制的时候结合了 Desimone（2009）的理论框架，整体上能够较好地将实证结果进行理解并解释。但是限于当前关于教师有效性和学校有效性的理论相对比较分散，没有统一并且广受认可的模型或理论，同时限于本研究的数据无法进行强有力的因果推断，也不适宜提出一个统一的模型，因此该领域在未来依旧有非常大的研究空间。

另外，一些研究结论的讨论与解释还有待深入。例如，对于教师的性别、学科差异对学生成绩影响程度不同的机制和原因，对不同类型学校增值效果的差异，"三类学校"的增值效果好于其他类型学校的原因和机制等需要进一步深入分析和解释。同时鉴于缺少学校层面的客观数据，本研究亦未深入分析学校之间差异的根源，这些关键性的问题值得在未来进一步深入研究。

（2）结论的拓展性和推广性需要更多数据验证。

本研究全文中所谓的"好"学校和"好"教师仅仅是从学生成绩角度衡量的狭隘意义上的好学校和好教师。广义的"好"学校和"好"教师除了需要提高学生的学习成绩，还需要提升学生的非认知能力、社会适应力、素质等多个方面。因此，虽然本研究的主题和结论均与基础教育改革、教师教育政策密切相关，但无论从研究方法还是研究结论上均应适当解读其结果，如果将该研究的结果过度解读和推广，可能会出现根本性的错误。

附录 A　海淀区教研工作调查问卷（教师问卷）

尊敬的老师：

　　您好！

　　本问卷旨在了解新时期教育改革背景下，教师专业发展的诉求和对教研工作的需求，为区域教研工作的改进提供参考。因此，您的回答十分重要。您提供的信息将被严格保密，请您放心填写。谢谢您的支持！

北京大学中国教育财政科学研究所课题组

第一部分：基本信息

Q1-01. 您的年龄：＿＿岁［填空题］ *

Q1-02. 您的性别：［单选题］ *
○男　　○女

Q1-03. 您的受教育程度：［单选题］ *
○高中/职高/中专
○大专/高职
○本科
○硕士
○博士

Q1-04. 您获得上述学位的时间：＿＿＿＿＿＿＿年［填空题］ *

Q1-05. 您是否毕业于师范类院校或师范类专业？［单选题］ *

○是
○否

Q1-06. 您所学的专业课程是否包含以下内容？如果包含,您觉得毕业的时候自己是否准备充分？[矩阵单选题] *

课程内容	不包含	包含；没有准备	包含；有一些准备	包含；准备充分	包含；准备非常充分
a) 所教学科领域的知识和理解	○	○	○	○	○
b) 所教学科的教学能力	○	○	○	○	○
c) 一般教育教学法	○	○	○	○	○
d) 所教学科的授课方法	○	○	○	○	○
e) 面对能力不同的学生进行分层教学	○	○	○	○	○
f) 跨学科技能的教学（如STEAM、批判思维、问题解决等）	○	○	○	○	○
g) 应用信息技术进行教学	○	○	○	○	○
h) 学生行为和课堂管理	○	○	○	○	○
i) 学生发展和学业评价	○	○	○	○	○
j) 帮助学生做好初高中衔接	○	○	○	○	○

第二部分：目前工作

Q2-01. 您与所在学校的劳动关系：[单选题] *
○事业编制
○（非事业编）合同制
○无合同，临时代课
○其他

Q2-02. 您的职称：[单选题] *
○未评职称
○初级
○中级

○高级
○正高级

Q2-03. 您的教龄：

a）您当教师至今_____年

b）一共在_____所学校执教过

c）在本校执教 _____年[填空题] *

Q2-04. 您是否担任以下职务？[多选题] *
□班主任
□年级组长
□备课组长
□学科教研组长
□主任/副主任
□副校长
□校长
□没有担任

Q2-05.

1）您是否获得过以下奖励？[矩阵多选题] *

奖励	没有	校级	区级	市级	国家级
a）研究课、教学设计、教学展示等	□	□	□	□	□
b）科研论文等	□	□	□	□	□
c）教学成果奖	□	□	□	□	□

2）您是否获得过以下荣誉？[矩阵多选题] *

荣誉	没有	校级	区级	市级	国家级
a）骨干教师	□	□	□	□	□
b）学科带头人	□	□	□	□	□
c）优秀班主任	□	□	□	□	□

3）您是否为特级教师？[单选题] *

○是　　　○否

Q2-06. 上学期，您平均每周课时数：_____ 课时[填空题] *

Q2-07. 上学期，除上课之外您平均每周花在下列事务上的时间：[矩阵单选题] *

事务类型	1小时以内	1-2.99 小时	3-4.99 小时	5-9.99 小时	10小时以上
a）备课（不包括批改作业）	○	○	○	○	○
b）批改学生作业	○	○	○	○	○
c）参加校本教研活动	○	○	○	○	○
d）参加区教研活动	○	○	○	○	○
e）对学生进行课下辅导	○	○	○	○	○
f）组织学生课外活动	○	○	○	○	○
g）课余时间对学生做思想工作	○	○	○	○	○
h）学校行政事务性工作	○	○	○	○	○
i）家校沟通	○	○	○	○	○

第三部分：教学情况

Q3-01. 您进行以下各项课堂教学行为的频率：[矩阵单选题] *

课堂教学行为	几乎不会	偶尔	经常	总是
a）总结近期学过的内容	○	○	○	○
b）明确学习目标	○	○	○	○
c）建立新的知识点和以往知识点的联系	○	○	○	○
d）结合日常生活问题或工作来说明新知识的用处	○	○	○	○
e）提出没有明确答案的问题	○	○	○	○
f）要求学生自己决定解决复杂问题的步骤	○	○	○	○
g）归纳、小结课堂学习内容	○	○	○	○
h）组织学生深度参与的体验性、探究性学习活动	○	○	○	○
i）布置学生做需要批判性思维的作业	○	○	○	○
j）布置需要至少一周时间才能完成的大作业	○	○	○	○
k）让学生使用信息技术完成作业	○	○	○	○
l）让学生以小组合作的方式解决问题或完成作业	○	○	○	○
m）让学生不断练习直到掌握学科内容	○	○	○	○

Q3-02. 您使用下列方法评价学生学习的频率：[矩阵单选题] *

评价方法	几乎不会	偶尔	经常	总是
a）自行设计单元和学期测试并使用	○	○	○	○
b）除了分数，我还给学生评语反馈	○	○	○	○
c）让学生反思和评估自己的进步	○	○	○	○
d）现场观察学生在特定任务上的表现并提供及时反馈	○	○	○	○

Q3-03. 在教学中，您是否可以做到：[矩阵单选题] *

行为类型	几乎不会做	偶尔会做	经常会做	总是这样做
a）让学生相信他们能够学好	○	○	○	○
b）让学生意识到学习的价值	○	○	○	○
c）提出挑战性的问题	○	○	○	○
d）注意培养学生的批判性思维	○	○	○	○
e）激励学习积极性低的学生	○	○	○	○
f）让学生遵守课堂纪律	○	○	○	○
g）明确表达我对学生行为的期望	○	○	○	○
h）给学生思考、讨论和表达的机会	○	○	○	○
i）使用多种教学信念	○	○	○	○
j）使用多种评价策略	○	○	○	○
k）使用信息技术辅助学生学习	○	○	○	○

Q3-04. 在本校，您是否经常参加下列活动：[矩阵单选题] *

活动内容	从不	较少	有一些	很多
a）校内听评课	○	○	○	○
b）集体备课	○	○	○	○
c）参与校本课程及其他教学辅助材料的开发	○	○	○	○
d）就教学中遇到的问题与同事进行研讨	○	○	○	○
e）与同事讨论某类学生的学业发展问题	○	○	○	○
f）与同事分享教学经验与资源	○	○	○	○
g）接受专家指导（包括教研员、大学教学专家等）	○	○	○	○

第四部分：教师专业发展

Q4-01. 您参与区教研活动的类型和频率是：[矩阵单选题] *

教研活动	几乎不	每学期1-2次	每学期3-4次	每学期5次及以上
a）教材教法分析	○	○	○	○
b）研究课	○	○	○	○
c）专家讲座	○	○	○	○
d）课题项目研讨及分享	○	○	○	○
e）中心组成员活动	○	○	○	○
f）跨学科教研	○	○	○	○
g）国家、市、区级学术会议	○	○	○	○
h）分享自己的优秀经验及成果	○	○	○	○

Q4-02. 您参与的区教研活动是否包含下列内容？如果包含，频率有多高？[矩阵单选题] *

教研活动内容	几乎不	每学期1-2次	每学期3-4次	每学期5次及以上
a）学科课程的整合与开发	○	○	○	○
b）学科核心知识、思想方法的理解	○	○	○	○
c）学科教学关键问题的确定和解决	○	○	○	○
d）单元整体教学	○	○	○	○
e）深度学习活动的设计与实施	○	○	○	○
f）促进学习的持续性评价	○	○	○	○
g）中高考命题方向和命题思路	○	○	○	○
h）分析和使用学生评价数据	○	○	○	○
i）跨学科能力的教学（如STEAM、批判思维、问题解决等）	○	○	○	○

Q4-03. 教研员个性化指导活动

1）近三年，您是否接受过教研员针对课堂教学的个性化指导？[单选题] *

○是

○否

2）如果接受过，次数为：[单选题] *

○1—2次　　○3—4次　　○5—6次　　○7次或更多

Q4-04. 近三年，您是否参加过"基于学科能力表现的教学改进"项目或与此相关的区教研活动？[单选题] *

○是

○否

1）参与过此类活动的次数：[单选题] *

○1—2次　　○3—4次　　○5—6次　　○7次或更多

2）活动形式包括：[多选题] *

□工作坊
□专家讲座
□教育会议或研讨会
□现场课研讨
□阅读专业文献
□进行个人或合作研究
□线上学习
□专家诊断与指导教学
□根据反馈进行教学改进

3）"基于学科能力表现的教学改进"对您在下列方面是否具有积极的影响？[矩阵单选题] *

分类标准	没效果	效果一般	效果较好	效果非常好
a）理解学科核心知识、思想方法	○	○	○	○
b）理解学科能力的类型和特征	○	○	○	○
c）把握学生能力发展的进阶情况（年级、水平）	○	○	○	○
d）基于学科能力发展设计教学目标	○	○	○	○
e）掌握提高学生学科能力的关键教学信念	○	○	○	○
f）基于学科能力设计与组织教学活动	○	○	○	○

Q4-05. 近三年，您是否参加过与"考试评价研讨"相关的区教研活动？
［单选题］ *

○是

○否

1）参与过此类活动的次数：［单选题］ *

○1—2次　　○3—4次　　○5—6次　　○7次或更多

2）活动形式包括：［多选题］ *
□工作坊
□专家讲座
□教育会议或研讨会
□参与命题研讨
□阅读专业文献
□进行个人或合作研究
□线上学习
□专家诊断与教学指导
□根据反馈进行教学改进

3）"考试评价研讨"对您在下列方面是否具有积极的影响？［矩阵单选题］ *

分类标准	没效果	效果一般	效果较好	效果非常好
a）能命制较高质量的阶段测试试题	○	○	○	○
b）能有意识地优化学生的作业题	○	○	○	○
c）能较好地把握中高考试题的方向和命题思路	○	○	○	○
d）能精准分析并讲解中高考试题	○	○	○	○
e）能根据不同学情/教学目标挑选编排试题作为教学素材	○	○	○	○
f）能准确读取考试数据，发现教学优势与不足	○	○	○	○
g）能基于数据反思改进教学行为	○	○	○	○
h）能追踪数据，评价教学行为的效果	○	○	○	○
i）理解考试评价对学生发展的作用	○	○	○	○

Q4-06. 近三年，您是否参加过"深度学习"项目或与此相关的区教研活动？[单选题] *

○ 是

○ 否

1) 参与过此类活动的次数 [单选题] *

○ 1—2 次　　○ 3—4 次　　○ 5—6 次　　○ 7 次或更多

2) 活动形式包括：[多选题] *
□ 工作坊
□ 专家讲座
□ 教育会议或研讨会
□ 现场课研讨
□ 阅读专业文献
□ 进行个人或合作研究
□ 线上学习
□ 专家诊断与指导教学
□ 根据反馈进行教学改进
□ 优秀经验/成果分享

3) "深度学习"对您在下列方面是否具有积极的影响？[矩阵单选题] *

分类标准	没效果	效果一般	效果较好	效果非常好
a) 整合课程内容、融通教材的能力	○	○	○	○
b) 把握和分析学情	○	○	○	○
c) 平衡课程目标与具体目标的关系	○	○	○	○
d) 整体规划设计有梯度进阶的目标体系	○	○	○	○
e) 设计与实施有梯度、层次的活动序列	○	○	○	○
f) 活动指向学生的高阶思维发展	○	○	○	○
g) 活动体现学生的深度参与	○	○	○	○
h) 持续开展与学习活动融合的评价	○	○	○	○
i) 持续开展促进学生学习的评价	○	○	○	○
j) 深刻理解本学科的育人价值	○	○	○	○
k) 更好地关注学生学习特点	○	○	○	○

Q4-07. 目前您是否需要下列区教研活动？[矩阵单选题] *

活动内容	完全不需要	不太需要	需要	非常需要
a) 学科课程的整合与开发	○	○	○	○
b) 学科核心知识、思想方法的理解	○	○	○	○
c) 学科教学关键问题的确定和解决	○	○	○	○
d) 单元整体教学	○	○	○	○
e) 深度学习活动的设计与实施	○	○	○	○
f) 促进学习的持续性评价	○	○	○	○
g) 中高考试题方向和命题思路	○	○	○	○
h) 分析和使用学生评价数据	○	○	○	○
i) 跨学科技能的教学（如 STEAM、批判思维、问题解决等）	○	○	○	○

Q4-08. 您还需要哪些主题的区教研活动？ [填空题] *

_____

第五部分：教学反馈

Q5-01.教研员会根据哪些方面给予您教学反馈？[多选题] *
□课堂观察
□学生对教师教学的评价
□教学设计、学案、日志、反思等
□外部考试成绩（如统考、中高考）
□学校/班级测试成绩
□没有反馈

Q5-02.教学管理干部会根据哪些方面给予您教学反馈？[多选题] *
□课堂观察
□学生对教师教学的评价
□教学设计、学案、日志、反思等
□外部考试成绩（如统考、中高考）

□学校/班级测试成绩
□没有反馈

Q5-03.其他同事会根据哪些方面给予您教学反馈？［多选题］*
□课堂观察
□学生对教师教学的评价
□教学设计、学案、日志、反思等
□外部考试成绩（如统考、中高考）
□学校/班级测试成绩
□没有反馈

Q5-04.您会根据哪些方面进行教学反思？［多选题］*
□课堂观察
□学生对教师教学的评价
□教学设计、学案、日志、反思等
□外部考试成绩（如统考、中高考）
□学校/班级测试成绩
□没有反思

Q5-05. 在以上所有反馈中，来自教研员的反馈是否对以下方面产生了积极的作用？［矩阵单选题］*

分类标准	没效果	效果一般	效果较好	效果非常好
a）学生考试成绩	○	○	○	○
b）学生学习兴趣	○	○	○	○
c）所教的学科领域的知识和理解	○	○	○	○
d）所教学科的教学能力	○	○	○	○
e）分析使用学生评价数据	○	○	○	○
f）组织学生学习活动的能力	○	○	○	○
g）与其他教师的合作	○	○	○	○

第六部分：学校环境

Q6-01. 学校对区教研活动的支持：[矩阵单选题] *

支持方式	是	否
a）学校会根据区、校教研活动的需要统一安排时间	○	○
b）学校会根据教研活动的需要适当减少其他工作量	○	○
c）学校会给予资金补偿（如差旅、食宿等）	○	○
d）学校会给予资源材料等非金钱的支持	○	○
e）学校为区教研活动提供场所	○	○
f）学校为研究项目提供经费支持	○	○

Q6-02. 请选择以下描述是否符合您的情况：[矩阵单选题] *

详细情况	完全不符合	不太符合	不确定	基本符合	完全符合
a）未来5年，我有明确的职业发展规划	○	○	○	○	○
b）我在本校有很好的专业发展机会	○	○	○	○	○
c）我确信在未来几年有晋升和发展的机会	○	○	○	○	○
d）学校有一套合理的工作表现评分机制	○	○	○	○	○
e）学校对教师工作进行考核以促进教师专业发展为目的	○	○	○	○	○

Q6-03. 请选择以下描述是否符合您的情况：[矩阵单选题] *

详细情况	完全不符合	不太符合	不确定	基本符合	完全符合
a）我的工作很有成就感	○	○	○	○	○
b）我觉得学校领导会认可我现在的工作	○	○	○	○	○
c）我感觉自己的能力在工作上能得到充分的发挥和认可	○	○	○	○	○

Q6-04. 请选择以下描述是否符合您的情况：[矩阵单选题] *

详细情况	完全不符合	不太符合	不确定	基本符合	完全符合
a) 和同事在一起工作让我觉得很快乐	○	○	○	○	○
b) 现在的学生总是让人心烦	○	○	○	○	○
c) 我认为我们学校在未来 5 年会有很大的发展	○	○	○	○	○

Q6-05. 请选择以下描述是否符合您的情况：[矩阵单选题] *

详细情况	完全不符合	不太符合	不确定	基本符合	完全符合
a) 我能有效地解决工作中出现的问题	○	○	○	○	○
b) 我能很好地完成各项工作任务	○	○	○	○	○
c) 我与学生在一起是愉快的	○	○	○	○	○
d) 早晨起床时，想到不得不面对一天的工作，我感觉非常烦躁	○	○	○	○	○
e) 工作让我身心俱疲	○	○	○	○	○
f) 我怀疑工作的意义	○	○	○	○	○

Q6-06. 工作中，以下方面是否会给您带来压力？[矩阵单选题] *

压力类型	完全没有	比较少	有一些	非常多
a) 课上要教的内容太多	○	○	○	○
b) 需要花很长时间备课	○	○	○	○
c) 需要批改很多作业	○	○	○	○
d) 需要做很多行政工作	○	○	○	○
e) 需要对学生的成绩负责	○	○	○	○
f) 需要回应来自家长的各种要求	○	○	○	○
g) 需要回应来自政府行政部门的非专业要求	○	○	○	○

您的任教学科：[单选题] *

○语文　　○数学　　○化学

您的主教年级 [单选题] *

○初一　○初二　○初三　○高一　○高二　○高三

姓名：_____；　　学校名称：_____；[填空题] *

本问卷信息仅用于研究，绝对保密，请放心作答！感谢您的参与和支持！

附录 B 海淀区高中分类

学校名称	学校类别
十一学校	一类
一零一中学	一类
北大附中	一类
清华附中	一类
人大附中	一类
首师大附中	一类
五十七中学	二类
育英中学	二类
育英学校	二类
理工附中	二类
进修附属实验	二类
交大附中	二类
八一学校	二类
中关村中学	二类
二十中	二类
北航实验学校	二类
民大附中	二类
首师大育新学校	二类
人大附分	二类
人大附中翠微学校	三类
玉渊潭中学	三类
首师大二附中	三类
北京实验学校（海淀）	三类
海淀实验中学	三类
人大附中二分校	三类

续表

学校名称	学校类别
北师大三附中	三类
十九中	三类
北医附中	三类
科大附中	三类
矿院附中	三类
石油附中	三类
地质附中	三类
农大附中	三类
中关村中学知春分校	三类
人大附二部	三类
师达中学	三类
清华附中实验学校	三类
建华实验学校	三类
人大附中北大附小联合实验学校	三类
十一实验中学	四类
育英学校航天校区	四类
理工附中南校区	四类
清华育才	四类
理工附中分校	四类
北外附中	四类
交大附中二分校	四类
交大附中东校区	四类
交大附中分校	四类
清华志清	四类
八一附属玉泉中学	四类
中关村外国语	四类
海淀外国语	四类
中法实验学校	四类
四十七中	四类
清华附中永丰学校	四类
进修附属实验香山分校	四类
尚丽学校	四类
二十一世纪学校	四类
北外附校	四类
一零一实验学校	四类

附录 C 海淀区高中学校增值性评价结果

表 C1 海淀区 2016-2019 届高三学生就读学校的增值性评价（语文）

学校代码	学校类别	学生数	增值评价	标准分
z062	4	209	0.870	0.036
z069	4	123	0.610	-0.304
z098	3	254	0.562	0.216
z096	3	291	0.560	0.298
z006	3	566	0.405	-0.012
z108	4	456	0.346	-0.552
z097	4	197	0.324	-0.598
z085	3	446	0.301	-0.048
z050	3	792	0.286	-0.088
z010	4	345	0.282	-0.672
z037	3	847	0.274	-0.077
z014	3	386	0.268	-0.058
z016	3	675	0.268	-0.081
z018	3	685	0.253	-0.072
z020	2	1175	0.140	0.371
z023	4	341	0.135	-0.875
z093	3	278	0.118	-0.405
z033	2	1394	0.105	0.298
z012	2	722	0.101	0.306
z039	2	1272	0.098	0.330
z004	3	562	0.085	-0.337
z081	4	364	0.077	-1.007
z094	2	466	0.076	0.294
z029	3	690	0.066	-0.353

续表

学校代码	学校类别	学生数	增值评价	标准分
z077	1	1737	0.049	0.879
z022	3	244	0.045	−0.321
z047	3	477	0.036	−0.390
z027	2	665	0.002	0.202
z092	2	571	−0.008	0.208
z044	2	1323	−0.017	0.170
z009	4	313	−0.021	−1.056
z001	2	697	−0.029	0.159
z013	4	406	−0.031	−1.078
z089	2	332	−0.033	0.034
z063	4	210	−0.046	−1.208
z052	2	912	−0.050	0.125
z034	4	347	−0.056	−1.105
z038	1	1301	−0.058	0.761
z008	2	779	−0.092	0.078
z048	3	774	−0.150	−0.613
z056	4	347	−0.157	−1.265
z075	1	1324	−0.166	0.649
z079	2	596	−0.169	−0.001
z011	1	647	−0.171	0.601
z070	3	575	−0.181	−0.674
z060	3	515	−0.187	−0.721
z073	1	1049	−0.204	0.577
z051	3	554	−0.213	−0.736
z078	1	1309	−0.227	0.550
z030	4	239	−0.232	−1.280
z028	4	254	−0.263	−1.507
z021	4	171	−0.270	−1.525
z049	3	467	−0.324	−0.952
z105	3	133	−0.388	−1.026
z059	4	64	−0.398	−1.524
z017	4	64	−0.470	−1.711
z065	4	165	−0.608	−1.925
z041	4	98	−0.723	−2.023
z088	4	53	−0.802	−2.170

表 C2　海淀区 2016-2019 届高三学生就读学校的增值性评价（数学）

学校代码	学校类别	学生数	增值评价	标准分
z062	4	209	0.942	0.114
z096	3	291	0.714	0.497
z098	3	254	0.683	0.393
z023	4	342	0.433	-0.655
z069	4	123	0.393	-0.572
z010	4	345	0.365	-0.732
z022	3	244	0.344	-0.036
z050	3	792	0.332	-0.076
z085	3	446	0.320	-0.004
z006	3	566	0.317	-0.145
z016	3	675	0.314	-0.064
z014	3	386	0.298	-0.075
z108	4	456	0.254	-0.725
z018	3	685	0.227	-0.104
z037	3	848	0.214	-0.141
z097	4	197	0.209	-0.820
z004	3	562	0.153	-0.295
z001	2	697	0.151	0.362
z029	3	690	0.123	-0.330
z094	2	466	0.117	0.420
z020	2	1175	0.101	0.372
z047	3	476	0.084	-0.375
z033	2	1394	0.080	0.307
z048	3	774	0.056	-0.457
z077	1	1737	0.042	0.989
z009	4	313	0.014	-1.143
z039	2	1272	0.010	0.277
z012	2	721	0.004	0.210
z089	2	332	0.004	0.095
z081	4	363	0.001	-1.201
z093	3	278	-0.030	-0.634
z075	1	1324	-0.040	0.892
z008	2	779	-0.041	0.133
z034	4	346	-0.048	-1.204

续表

学校代码	学校类别	学生数	增值评价	标准分
z044	2	1323	-0.050	0.153
z052	2	912	-0.100	0.076
z092	2	570	-0.103	0.123
z027	2	665	-0.110	0.091
z079	2	596	-0.113	0.083
z038	1	1301	-0.126	0.779
z011	1	647	-0.139	0.710
z013	4	406	-0.168	-1.316
z063	4	210	-0.175	-1.535
z070	3	574	-0.178	-0.770
z078	1	1309	-0.215	0.630
z028	4	252	-0.217	-1.628
z056	4	346	-0.226	-1.520
z059	4	63	-0.229	-1.475
z051	3	554	-0.246	-0.838
z073	1	1046	-0.300	0.581
z065	4	165	-0.358	-1.835
z017	4	64	-0.366	-1.788
z049	3	467	-0.375	-1.154
z030	4	239	-0.406	-1.523
z105	3	133	-0.447	-1.107
z060	3	514	-0.478	-1.145
z021	4	172	-0.582	-1.965
z041	4	98	-0.676	-2.153
z088	4	53	-0.761	-2.400

表 C3　海淀区 2016-2019 届高三学生就读学校的增值性评价（化学）

学校代码	学校类别	学生数	增值评价	标准分
z062	4	130	0.932	-0.147
z096	3	217	0.740	0.320
z098	3	211	0.660	0.187
z108	4	278	0.654	-0.497
z069	4	89	0.643	-0.533
z050	3	590	0.508	-0.017
z014	3	290	0.364	-0.126
z085	3	265	0.340	-0.137
z018	3	531	0.335	-0.130
z016	3	467	0.308	-0.209
z037	3	610	0.281	-0.228
z039	2	1081	0.281	0.483
z001	2	549	0.252	0.422
z020	2	973	0.250	0.443
z006	3	401	0.201	-0.381
z094	2	355	0.137	0.328
z047	3	342	0.136	-0.457
z010	4	258	0.121	-1.127
z012	2	614	0.109	0.266
z063	4	88	0.090	-1.500
z033	2	1164	0.065	0.229
z004	3	387	0.060	-0.527
z097	4	102	0.046	-1.232
z029	3	458	0.044	-0.543
z044	2	1040	0.036	0.172
z027	2	532	0.030	0.167
z081	4	194	0.024	-1.405
z038	1	1075	-0.011	0.837
z052	2	694	-0.018	0.103
z008	2	598	-0.037	0.085
z021	4	76	-0.041	-1.618
z079	2	492	-0.043	0.109
z089	2	224	-0.045	-0.086
z022	3	156	-0.054	-0.602

续表

学校代码	学校类别	学生数	增值评价	标准分
z075	1	1100	−0.072	0.774
z077	1	1543	−0.083	0.789
z056	4	204	−0.089	−1.600
z034	4	169	−0.093	−1.516
z013	4	250	−0.121	−1.468
z092	2	410	−0.136	0.004
z048	3	517	−0.186	−0.834
z011	1	540	−0.218	0.580
z023	4	81	−0.231	−1.738
z093	3	201	−0.251	−0.938
z028	4	158	−0.255	−1.804
z009	4	196	−0.258	−1.627
z078	1	1128	−0.268	0.564
z060	3	412	−0.284	−1.005
z017	4	23	−0.290	−1.999
z073	1	836	−0.335	0.492
z065	4	95	−0.337	−2.008
z088	4	21	−0.429	−2.418
z070	3	408	−0.435	−1.122
z030	4	86	−0.451	−1.855
z051	3	336	−0.480	−1.206
z049	3	359	−0.487	−1.318
z059	4	33	−0.497	−2.011
z041	4	33	−0.511	−2.354
z105	3	75	−0.602	−1.426

附录 D 海淀区高中教师增值性评价结果

表 D1 海淀区 2016-2019 届高三学生任课教师的增值性评价（语文）

学校代码	学校类别	教师编号	学生数	增值评价	标准分
z037	3	369	31	0.380	0.786
z033	2	197	69	0.368	0.603
z092	2	409	56	0.322	0.629
z044	2	60	62	0.309	0.513
z052	2	389	59	0.301	0.527
z094	2	367	67	0.274	0.678
z011	1	507	26	0.271	0.996
z004	3	534	49	0.268	0.193
z044	2	244	59	0.268	0.611
z012	2	172	161	0.264	0.454
z078	1	451	64	0.263	0.769
z050	3	529	115	0.263	0.177
z078	1	295	119	0.262	0.857
z018	3	147	98	0.256	0.297
z092	2	318	131	0.254	0.271
z075	1	458	68	0.227	1.024
z008	2	72	65	0.219	0.492
z016	3	372	114	0.210	-0.028
z051	3	201	55	0.208	-0.715
z030	4	152	30	0.203	-0.846
z013	4	278	48	0.203	-0.625
z020	2	281	120	0.198	0.429
z011	1	204	31	0.198	1.003
z029	3	293	58	0.193	-0.184

续表

学校代码	学校类别	教师编号	学生数	增值评价	标准分
z059	4	249	8	0.179	−1.339
z049	3	53	33	0.162	−0.983
z044	2	272	57	0.160	0.317
z089	2	81	24	0.158	0.517
z047	3	43	104	0.158	−0.192
z039	2	254	207	0.158	0.415
z011	1	114	39	0.154	0.809
z060	3	124	31	0.149	−0.456
z049	3	63	93	0.149	−0.908
z034	4	143	47	0.148	−0.769
z011	1	85	17	0.141	0.668
z004	3	31	51	0.140	0.085
z027	2	395	57	0.138	0.393
z081	4	30	64	0.136	−1.073
z078	1	287	83	0.133	0.558
z027	2	263	40	0.131	0.368
z012	2	306	45	0.130	0.245
z037	3	248	27	0.128	0.151
z098	3	301	25	0.127	0.330
z060	3	356	1	0.126	1.147
z105	3	285	26	0.125	−1.046
z016	3	29	108	0.125	0.038
z034	4	506	28	0.120	−0.863
z033	2	258	55	0.115	0.331
z048	3	141	76	0.115	−0.427
z027	2	50	83	0.114	0.415
z048	3	334	66	0.113	−0.594
z012	2	132	69	0.112	0.205
z052	2	405	62	0.107	0.325
z001	2	170	101	0.106	0.431
z048	3	18	118	0.104	−0.493
z037	3	382	53	0.103	0.046
z008	2	199	28	0.101	0.219

续表

学校代码	学校类别	教师编号	学生数	增值评价	标准分
z098	3	163	77	0.097	0.368
z044	2	222	146	0.096	0.362
z033	2	496	159	0.095	0.304
z018	3	505	176	0.088	0.037
z051	3	499	55	0.080	-0.746
z044	2	80	63	0.079	0.156
z039	2	342	261	0.078	0.357
z044	2	11	61	0.075	0.422
z011	1	316	52	0.073	0.679
z060	3	196	35	0.065	-0.591
z037	3	116	125	0.063	0.038
z039	2	188	66	0.062	0.365
z079	2	527	26	0.056	0.329
z062	4	105	55	0.055	0.148
z044	2	232	56	0.051	0.105
z050	3	385	110	0.050	0.041
z008	2	392	57	0.050	0.204
z092	2	148	78	0.047	0.164
z020	2	213	54	0.043	0.588
z006	3	261	50	0.042	0.034
z079	2	429	31	0.039	-0.123
z039	2	288	68	0.032	0.315
z029	3	166	119	0.032	-0.418
z030	4	78	67	0.032	-1.022
z097	4	418	50	0.031	-0.456
z037	3	216	48	0.031	-0.103
z006	3	268	90	0.029	0.076
z048	3	341	134	0.028	-0.665
z089	2	58	29	0.027	0.042
z039	2	449	55	0.027	0.239
z008	2	19	26	0.026	-0.082
z070	3	493	106	0.024	-0.805
z060	3	419	27	0.023	-0.251

续表

学校代码	学校类别	教师编号	学生数	增值评价	标准分
z079	2	259	115	0.022	-0.130
z022	3	375	49	0.022	-0.227
z011	1	70	1	0.020	0.523
z018	3	189	58	0.019	0.204
z016	3	77	22	0.017	0.138
z037	3	330	130	0.012	0.093
z006	3	228	90	0.012	0.166
z078	1	66	57	0.010	0.409
z060	3	299	12	0.002	-0.773
z020	2	94	60	0.002	0.201
z021	4	472	65	0.000	-1.707
z028	4	17	27	0.000	-0.994
z093	3	176	23	0.000	-0.287
z017	4	157	27	0.000	-1.500
z088	4	113	13	0.000	-2.266
z073	1	361	34	0.000	0.751
z065	4	541	5	0.000	-2.620
z023	4	462	48	0.000	-0.605
z063	4	206	36	0.000	-1.408
z056	4	137	34	0.000	-1.876
z108	4	368	20	0.000	-1.284
z001	2	20	49	-0.005	0.473
z089	2	311	16	-0.011	-0.290
z089	2	230	31	-0.015	-0.179
z012	2	421	61	-0.015	0.350
z011	1	315	17	-0.016	0.493
z022	3	136	61	-0.022	-0.292
z070	3	14	83	-0.024	-0.661
z089	2	103	13	-0.026	-0.184
z051	3	234	118	-0.029	-0.543
z078	1	156	74	-0.031	0.334
z097	4	98	28	-0.031	-0.553
z089	2	485	12	-0.039	-0.213

续表

学校代码	学校类别	教师编号	学生数	增值评价	标准分
z020	2	274	61	-0.040	0.176
z078	1	374	74	-0.044	0.464
z044	2	169	53	-0.051	0.184
z062	4	539	60	-0.055	-0.022
z060	3	443	40	-0.056	-0.808
z081	4	180	49	-0.059	-1.110
z013	4	322	31	-0.063	-1.323
z013	4	450	35	-0.065	-1.389
z047	3	390	53	-0.065	-0.410
z013	4	135	42	-0.074	-1.379
z081	4	277	21	-0.077	-1.630
z094	2	119	30	-0.079	0.057
z048	3	139	33	-0.081	-0.869
z008	2	158	111	-0.082	0.052
z006	3	515	102	-0.083	-0.046
z050	3	142	62	-0.092	-0.256
z047	3	118	56	-0.093	-0.529
z034	4	438	21	-0.093	-1.508
z060	3	57	90	-0.093	-0.794
z089	2	461	4	-0.095	-0.484
z001	2	359	58	-0.101	0.044
z075	1	452	36	-0.106	0.612
z037	3	349	46	-0.108	-0.264
z018	3	383	78	-0.112	-0.248
z079	2	93	125	-0.118	-0.357
z012	2	294	57	-0.118	-0.063
z075	1	455	68	-0.121	0.577
z051	3	471	87	-0.122	-1.075
z011	1	177	10	-0.122	0.283
z012	2	411	20	-0.124	-0.182
z105	3	106	21	-0.125	-1.626
z051	3	339	26	-0.137	-1.056
z016	3	403	22	-0.139	-0.486

续表

学校代码	学校类别	教师编号	学生数	增值评价	标准分
z004	3	483	21	-0.142	-0.450
z011	1	42	29	-0.153	0.359
z008	2	73	91	-0.156	0.074
z039	2	414	64	-0.158	-0.030
z008	2	52	51	-0.158	0.089
z078	1	91	11	-0.162	0.375
z027	2	39	112	-0.166	-0.118
z034	4	470	38	-0.175	-1.826
z033	2	410	58	-0.176	-0.178
z044	2	104	60	-0.177	-0.206
z037	3	489	48	-0.178	-0.303
z059	4	22	20	-0.179	-2.061
z033	2	255	57	-0.187	-0.109
z094	2	445	42	-0.195	-0.238
z039	2	532	66	-0.199	0.080
z092	2	191	33	-0.203	-0.116
z020	2	223	47	-0.203	-0.124
z092	2	167	141	-0.208	-0.188
z092	2	240	11	-0.211	-0.202
z016	3	305	71	-0.213	-0.563
z033	2	67	57	-0.215	-0.200
z060	3	399	57	-0.216	-1.019
z027	2	536	107	-0.216	-0.060
z050	3	35	56	-0.221	-0.178
z029	3	408	51	-0.224	-0.737
z098	3	218	52	-0.225	0.017
z030	4	424	19	-0.234	-1.637
z011	1	173	11	-0.238	0.321
z012	2	516	33	-0.248	-0.373
z018	3	420	136	-0.251	-0.447
z004	3	324	24	-0.266	-0.683
z048	3	530	114	-0.279	-1.137
z049	3	155	51	-0.311	-1.675

续表

学校代码	学校类别	教师编号	学生数	增值评价	标准分
z044	2	444	51	−0.324	−0.333
z011	1	388	28	−0.328	0.224
z052	2	459	26	−0.408	−0.479
z037	3	468	56	−0.430	−0.710
z078	1	193	63	−0.431	−0.190
z044	2	394	57	−0.487	−0.413

表 D2　海淀区 2016-2019 届高三学生任课教师的增值性评价（数学）

学校代码	学校类别	教师编号	学生数	增值评价	标准分
z060	3	386	24	0.450	−0.618
z052	2	335	24	0.413	0.693
z039	2	71	108	0.406	0.728
z018	3	61	61	0.389	0.369
z008	2	75	124	0.370	0.476
z008	2	138	59	0.339	0.520
z011	1	246	15	0.337	1.083
z011	1	8	39	0.333	1.112
z044	2	531	65	0.325	0.466
z051	3	412	59	0.292	−0.106
z089	2	146	10	0.285	0.482
z094	2	518	70	0.284	0.638
z089	2	150	31	0.278	0.395
z033	2	514	73	0.269	0.804
z089	2	182	12	0.266	0.303
z070	3	283	83	0.261	−0.150
z034	4	121	60	0.260	−1.427
z018	3	517	35	0.260	0.719
z079	2	480	59	0.259	0.135
z037	3	358	49	0.254	−0.024
z016	3	440	98	0.248	0.291
z013	4	40	46	0.246	−0.507
z047	3	296	84	0.237	−0.027
z012	2	473	46	0.222	0.548
z044	2	319	29	0.221	0.381
z048	3	279	55	0.220	0.156
z039	2	9	75	0.220	0.595
z092	2	329	177	0.212	0.291
z056	4	160	28	0.211	−1.758
z033	2	6	36	0.205	0.808
z028	4	333	29	0.198	−1.373
z018	3	463	6	0.193	0.646
z012	2	125	100	0.182	0.470

续表

学校代码	学校类别	教师编号	学生数	增值评价	标准分
z048	3	96	202	0.169	0.050
z063	4	64	16	0.166	-1.392
z017	4	503	11	0.165	-1.562
z027	2	215	50	0.157	0.302
z078	1	347	63	0.150	0.791
z078	1	538	60	0.146	0.783
z050	3	267	132	0.144	-0.041
z018	3	481	8	0.131	0.159
z001	2	159	39	0.130	0.653
z041	4	108	10	0.124	-1.931
z044	2	185	100	0.124	0.328
z004	3	256	48	0.122	-0.237
z039	2	332	69	0.120	0.403
z008	2	111	68	0.119	0.265
z079	2	257	62	0.114	-0.121
z050	3	209	114	0.111	0.127
z044	2	490	61	0.111	0.207
z062	4	23	61	0.110	0.087
z027	2	28	92	0.099	0.338
z014	3	397	64	0.095	0.190
z078	1	117	149	0.092	0.623
z018	3	69	64	0.083	0.026
z013	4	235	42	0.079	-1.216
z060	3	291	51	0.078	-1.242
z028	4	164	27	0.076	-1.021
z020	2	5	38	0.075	0.515
z006	3	1	101	0.074	-0.133
z065	4	161	41	0.072	-1.684
z078	1	338	58	0.070	0.679
z004	3	396	123	0.069	0.156
z020	2	304	126	0.066	0.483
z020	2	33	35	0.064	0.599
z097	4	239	31	0.061	-0.532

续表

学校代码	学校类别	教师编号	学生数	增值评价	标准分
z001	2	427	102	0.061	0.521
z049	3	181	30	0.061	-1.215
z063	4	59	47	0.054	-1.205
z022	3	379	61	0.053	0.243
z050	3	484	99	0.053	0.304
z020	2	479	63	0.052	0.527
z039	2	524	148	0.051	0.290
z062	4	101	44	0.051	0.321
z033	2	308	127	0.050	0.548
z037	3	441	94	0.047	-0.271
z097	4	227	20	0.045	-0.605
z020	2	241	67	0.043	0.615
z037	3	298	33	0.043	-0.270
z049	3	83	54	0.043	-0.824
z039	2	346	138	0.041	0.276
z029	3	154	66	0.035	-0.526
z028	4	357	20	0.033	-1.260
z016	3	217	110	0.030	-0.266
z105	3	109	6	0.030	-1.458
z012	2	3	24	0.029	0.759
z094	2	320	32	0.028	0.685
z029	3	24	88	0.026	-0.148
z006	3	513	74	0.025	0.259
z006	3	245	91	0.022	-0.035
z044	2	226	60	0.020	0.062
z081	4	370	31	0.017	-0.662
z028	4	212	31	0.015	-1.953
z012	2	476	70	0.014	0.296
z047	3	237	81	0.008	-0.043
z023	4	102	67	0.006	-0.544
z018	3	353	66	0.004	0.313
z059	4	131	22	0.000	-1.433
z088	4	250	13	0.000	-2.946

续表

学校代码	学校类别	教师编号	学生数	增值评价	标准分
z073	1	282	45	0.000	0.555
z009	4	307	97	0.000	-1.227
z098	3	431	44	0.000	0.154
z085	3	7	10	0.000	0.692
z093	3	453	59	0.000	-0.648
z069	4	56	11	0.000	-0.758
z030	4	423	19	0.000	-1.418
z021	4	325	65	0.000	-2.196
z108	4	120	28	0.000	-1.655
z023	4	345	112	-0.006	-0.900
z008	2	55	92	-0.007	0.483
z070	3	247	30	-0.007	-1.096
z065	4	521	24	-0.008	-1.993
z022	3	86	40	-0.009	-0.249
z050	3	340	84	-0.011	0.088
z017	4	364	19	-0.015	-1.997
z089	2	87	13	-0.015	-0.065
z048	3	309	59	-0.015	-0.688
z079	2	4	54	-0.017	0.164
z081	4	134	101	-0.017	-1.287
z052	2	270	34	-0.018	0.007
z006	3	140	52	-0.018	-0.220
z044	2	502	65	-0.019	-0.097
z070	3	498	27	-0.023	-0.455
z063	4	171	49	-0.026	-1.519
z020	2	465	127	-0.026	0.436
z094	2	233	77	-0.027	0.256
z020	2	337	27	-0.027	0.365
z047	3	265	58	-0.029	-0.442
z105	3	130	5	-0.030	-2.192
z070	3	122	90	-0.031	-0.972
z078	1	366	35	-0.036	0.906
z044	2	466	53	-0.036	-0.049

续表

学校代码	学校类别	教师编号	学生数	增值评价	标准分
z050	3	363	90	-0.043	-0.267
z018	3	27	74	-0.045	-0.127
z022	3	26	51	-0.045	-0.373
z048	3	200	141	-0.049	-0.710
z089	2	36	14	-0.050	-0.147
z016	3	286	49	-0.053	-0.360
z033	2	540	131	-0.054	0.416
z094	2	88	121	-0.060	0.245
z029	3	354	53	-0.061	-0.134
z089	2	511	28	-0.061	0.207
z013	4	360	48	-0.064	-0.972
z018	3	107	3	-0.064	-0.043
z065	4	326	38	-0.064	-2.272
z048	3	404	62	-0.068	-0.669
z044	2	187	64	-0.078	-0.157
z008	2	492	86	-0.079	-0.002
z039	2	65	91	-0.087	0.099
z020	2	327	47	-0.091	0.304
z039	2	208	26	-0.093	0.170
z014	3	92	46	-0.095	-0.368
z016	3	430	22	-0.095	-0.469
z051	3	351	28	-0.100	-1.052
z050	3	192	56	-0.102	-0.323
z006	3	221	51	-0.102	-0.320
z048	3	487	68	-0.103	-0.658
z049	3	110	59	-0.104	-1.631
z097	4	229	53	-0.106	-0.633
z037	3	425	92	-0.120	-0.039
z041	4	317	58	-0.124	-2.148
z089	2	262	12	-0.129	0.304
z016	3	381	58	-0.130	-0.427
z008	2	205	64	-0.136	0.104
z089	2	290	12	-0.137	-0.267

续表

学校代码	学校类别	教师编号	学生数	增值评价	标准分
z039	2	528	71	−0.140	0.085
z089	2	417	16	−0.142	−0.324
z011	1	194	46	−0.143	0.583
z033	2	168	112	−0.145	0.281
z037	3	310	74	−0.145	−0.626
z089	2	133	28	−0.145	0.202
z089	2	416	13	−0.150	−0.356
z017	4	500	16	−0.151	−2.098
z050	3	220	71	−0.153	−0.402
z048	3	344	59	−0.153	−0.751
z020	2	488	36	−0.154	0.710
z011	1	219	76	−0.157	0.459
z062	4	415	26	−0.161	0.138
z044	2	273	28	−0.168	−0.331
z037	3	526	25	−0.174	−0.543
z011	1	269	58	−0.180	0.781
z044	2	252	45	−0.183	0.198
z078	1	302	83	−0.183	0.254
z052	2	238	110	−0.186	−0.233
z011	1	210	15	−0.190	0.300
z001	2	331	48	−0.191	0.165
z004	3	509	21	−0.191	−0.613
z051	3	522	83	−0.192	−0.926
z063	4	336	58	−0.195	−2.141
z070	3	62	96	−0.199	−1.130
z052	2	16	32	−0.209	−0.217
z056	4	297	18	−0.211	−2.249
z092	2	198	114	−0.212	0.112
z012	2	280	122	−0.213	−0.057
z008	2	348	22	−0.214	−0.322
z047	3	426	55	−0.216	−0.717
z094	2	401	60	−0.225	0.042
z037	3	47	49	−0.227	−0.620

续表

学校代码	学校类别	教师编号	学生数	增值评价	标准分
z012	2	512	123	−0.235	−0.111
z078	1	95	70	−0.239	0.595
z039	2	520	60	−0.251	−0.041
z018	3	46	151	−0.251	−0.352
z027	2	428	55	−0.257	−0.327
z034	4	508	49	−0.260	−2.030
z013	4	15	71	−0.261	−1.663
z039	2	49	86	−0.267	0.351
z044	2	413	57	−0.317	−0.421
z033	2	186	54	−0.326	−0.020
z018	3	231	44	−0.331	−0.565
z079	2	242	21	−0.355	−0.858
z018	3	400	49	−0.368	−0.667
z008	2	79	27	−0.391	−0.469
z060	3	437	23	−0.527	−2.244

表 D3　海淀区 2016-2019 届高三学生任课教师的增值性评价（化学）

学校代码	学校类别	教师编号	学生数	增值评价	标准分
z089	2	447	12	0.472	0.375
z079	2	467	229	0.464	0.446
z060	3	84	38	0.461	−0.592
z052	2	162	117	0.449	0.640
z047	3	151	52	0.399	−0.336
z039	2	123	76	0.379	1.006
z008	2	214	124	0.373	0.410
z018	3	328	65	0.347	0.228
z012	2	456	104	0.326	0.621
z037	3	352	138	0.323	0.100
z033	2	174	37	0.256	0.711
z070	3	497	121	0.256	−0.921
z027	2	486	25	0.255	0.647
z020	2	402	65	0.240	0.776
z044	2	355	127	0.238	0.448
z012	2	207	70	0.235	0.472
z028	4	436	29	0.230	−1.418
z048	3	448	59	0.221	−0.591
z004	3	377	50	0.216	−0.042
z037	3	365	57	0.195	−0.101
z011	1	112	6	0.193	1.180
z012	2	253	77	0.176	0.444
z049	3	435	46	0.167	−1.149
z029	3	510	66	0.154	−0.589
z097	4	276	10	0.150	−0.797
z018	3	178	64	0.150	0.024
z044	2	303	56	0.144	0.326
z089	2	13	11	0.138	0.074
z008	2	153	68	0.137	0.186
z023	4	275	30	0.126	−1.479
z027	2	442	50	0.125	0.415
z048	3	195	138	0.122	−0.609
z078	1	41	82	0.117	0.836

续表

学校代码	学校类别	教师编号	学生数	增值评价	标准分
z016	3	25	50	0.117	-0.181
z008	2	454	84	0.116	0.140
z081	4	97	58	0.116	-1.303
z052	2	37	60	0.113	0.233
z011	1	387	24	0.112	0.857
z050	3	393	61	0.107	0.052
z044	2	190	133	0.094	0.250
z006	3	525	44	0.089	-0.319
z048	3	434	66	0.072	-0.556
z004	3	407	48	0.065	-0.355
z001	2	464	126	0.065	0.528
z001	2	129	100	0.060	0.543
z052	2	321	44	0.058	0.205
z028	4	289	14	0.052	-1.737
z050	3	380	115	0.051	-0.092
z039	2	478	141	0.034	0.621
z044	2	433	123	0.031	0.214
z044	2	76	117	0.025	0.236
z052	2	350	115	0.024	0.089
z012	2	477	32	0.007	0.208
z052	2	313	67	0.002	0.127
z059	4	236	15	0.000	-2.158
z034	4	371	85	0.000	-1.477
z021	4	251	41	0.000	-1.600
z041	4	225	4	0.000	-2.258
z056	4	32	28	0.000	-1.773
z092	2	264	120	0.000	0.146
z108	4	126	11	0.000	-1.859
z030	4	469	19	0.000	-1.296
z093	3	376	51	0.000	-1.148
z069	4	457	29	0.000	-0.258
z017	4	494	5	0.000	-1.752
z073	1	446	45	0.000	-0.274

续表

学校代码	学校类别	教师编号	学生数	增值评价	标准分
z009	4	533	52	0.000	-1.650
z098	3	89	14	0.000	0.608
z062	4	535	43	0.000	-0.288
z014	3	519	28	0.000	0.409
z094	2	537	36	0.000	0.561
z051	3	100	27	0.000	-0.698
z022	3	183	91	0.000	-0.667
z075	1	224	68	0.000	1.094
z044	2	12	123	-0.004	0.176
z070	3	378	53	-0.011	-1.133
z020	2	474	151	-0.013	0.426
z011	1	45	40	-0.018	0.615
z089	2	314	9	-0.024	-0.254
z039	2	343	138	-0.025	0.602
z028	4	48	17	-0.025	-2.027
z078	1	51	63	-0.039	0.677
z089	2	74	13	-0.041	-0.265
z089	2	495	8	-0.048	-0.296
z033	2	203	109	-0.048	0.174
z037	3	175	114	-0.071	-0.405
z050	3	2	51	-0.071	-0.189
z029	3	90	65	-0.072	-0.838
z039	2	82	221	-0.076	0.474
z078	1	362	58	-0.079	0.620
z029	3	38	54	-0.082	-0.763
z050	3	44	58	-0.087	-0.236
z044	2	127	125	-0.089	0.012
z006	3	266	51	-0.089	-0.583
z012	2	422	84	-0.110	0.048
z060	3	179	31	-0.112	-1.051
z081	4	54	54	-0.116	-1.866
z016	3	271	51	-0.117	-0.575
z001	2	115	92	-0.126	0.321

续表

学校代码	学校类别	教师编号	学生数	增值评价	标准分
z023	4	149	15	−0.126	−1.579
z008	2	10	103	−0.129	−0.200
z079	2	439	53	−0.136	−0.304
z011	1	384	37	−0.137	0.486
z039	2	482	127	−0.150	0.410
z011	1	211	64	−0.150	0.494
z012	2	460	113	−0.150	0.006
z097	4	491	9	−0.150	−1.272
z039	2	504	32	−0.161	0.283
z052	2	300	52	−0.164	−0.169
z049	3	373	58	−0.167	−1.793
z048	3	312	69	−0.176	−0.861
z027	2	184	140	−0.182	−0.019
z027	2	68	54	−0.198	−0.001
z012	2	284	20	−0.207	−0.129
z033	2	475	62	−0.208	−0.085
z089	2	523	27	−0.218	−0.487
z020	2	165	108	−0.228	0.203
z048	3	398	65	−0.239	−0.996
z070	3	323	56	−0.245	−1.610
z028	4	501	16	−0.256	−2.230
z012	2	202	24	−0.278	−0.211
z089	2	391	19	−0.280	−0.594
z004	3	144	45	−0.281	−0.651
z079	2	292	24	−0.328	−0.681
z060	3	243	35	−0.349	−1.512
z047	3	34	24	−0.399	−1.343
z044	2	128	30	−0.439	−0.488
z037	3	99	43	−0.448	−0.804
z052	2	406	24	−0.483	−0.667
z018	3	21	53	−0.497	−0.782
z008	2	145	25	−0.497	−0.661

附录 E　教师行为和学校支持描述性统计分析结果

表 E1　教师行为和学校支持描述性统计分析（标准化值）

样本范围		教师行为	N	Mean	St.Dev	min	max	skewness	kurtosis
整体	职前准备	内容知识	501	0	0.998	-3.280	1.651	-0.270	2.962
		教学知识	501	0	0.998	-1.924	2.152	0.105	2.343
	课堂行为	课堂组织	542	0	0.998	-4.728	1.853	-0.187	3.163
		认知激活	542	0	0.998	-2.408	4.137	0.356	3.532
		学生参与	542	0	0.998	-3.096	1.961	0.131	2.577
	自我效能感	课堂管理	542	0	0.998	-3.238	1.465	-0.100	2.414
		多元教学策略	542	0	0.998	-2.631	1.889	0.118	2.673
		聚焦课程内容	542	0	0.998	-2.141	1.648	-0.007	2.252
		融入主动学习	542	0	0.998	-2.205	1.833	0.216	2.394
	专业发展	使用有效的示范及模范	542	0	0.998	-2.494	1.884	-0.169	2.675
		专家指导和支持	542	0	0.998	-2.354	1.559	-0.130	2.218
		学习共同体	542	0	0.998	-4.461	0.875	-1.303	4.330
		未来发展机会	542	0	0.998	-3.568	1.789	-0.849	4.168
	学校支持	职业认同	542	0	0.998	-4.820	1.799	-0.709	5.692
		倦怠感	542	0	0.998	-6.230	1.887	-0.438	6.671
语文	职前准备	内容知识	178	0	1	-2.950	1.589	-0.431	3.391
		教学知识	178	0	1	-1.868	2.152	0.217	2.452
	课堂行为	课堂组织	195	0	1	-2.612	1.609	-0.021	2.171
		认知激活	195	0	1	-2.183	3.103	0.725	3.693

续表

样本范围		教师行为	N	Mean	St.Dev	min	max	skewness	kurtosis
	自我效能感	学生参与	195	0	1	-3.096	1.617	0.174	2.460
		课堂管理	195	0	1	-3.171	1.385	0.011	2.266
		多元教学策略	195	0	1	-1.881	1.697	0.065	2.512
		聚焦课程内容	195	0	1	-2.141	1.377	-0.060	2.027
		融入主动学习	195	0	1	-2.205	1.752	0.224	2.414
	专业发展	使用有效的示范及模范	195	0	1	-2.494	1.687	-0.160	2.808
		专家指导和支持	195	0	1	-2.354	1.477	-0.175	2.203
		学习共同体	195	0	1	-4.461	0.673	-1.629	5.285
		未来发展机会	195	0	1	-3.516	1.789	-0.677	4.295
	学校支持	职业认同	195	0	1	-4.820	1.799	-0.575	5.459
		倦怠感	195	0	1	-6.230	1.784	-0.895	10.004
数学	职前准备	内容知识	199	0	1	-3.280	1.341	-0.313	2.687
		教学知识	199	0	1	-1.924	1.889	0.051	2.232
	课堂行为	课堂组织	216	0	1	-4.728	1.527	-0.518	4.456
		认知激活	216	0	1	-2.405	2.547	-0.132	2.683
	自我效能感	学生参与	216	0	1	-2.244	1.733	-0.010	2.634
		课堂管理	216	0	1	-3.238	1.346	-0.283	2.651
		多元教学策略	216	0	1	-2.631	1.839	0.033	2.807
		聚焦课程内容	216	0	1	-2.054	1.644	-0.031	2.489
		融入主动学习	216	0	1	-1.820	1.808	0.177	2.425
	专业发展	使用有效的示范及模范	216	0	1	-2.440	1.508	-0.360	2.641
		专家指导和支持	216	0	1	-2.108	1.559	-0.079	2.222
		学习共同体	216	0	1	-3.973	0.875	-0.957	3.315
		未来发展机会	216	0	1	-3.139	1.613	-0.799	3.648
	学校支持	职业认同	216	0	1	-4.600	1.578	-0.718	5.128
		倦怠感	216	0	1	-4.697	1.463	-0.460	5.391
化学	职前准备	内容知识	124	0	1	-3.140	1.651	0.031	2.789
		教学知识	124	0	1	-1.815	2.137	0.032	2.365
	课堂行为	课堂组织	131	0	1	-3.142	1.853	0.111	2.503
		认知激活	131	0	1	-2.408	4.137	0.612	4.701
	自我效能感	学生参与	131	0	1	-2.497	1.961	0.300	2.658

续表

样本范围	教师行为	N	Mean	St.Dev	min	max	skewness	kurtosis
专业发展	课堂管理	131	0	1	-2.533	1.465	0.040	2.240
	多元教学策略	131	0	1	-1.813	1.889	0.338	2.691
	聚焦课程内容	131	0	1	-1.892	1.648	0.113	2.195
	融入主动学习	131	0	1	-1.958	1.833	0.269	2.313
	使用有效的示范及模范	131	0	1	-2.420	1.884	0.133	2.533
	专家指导和支持	131	0	1	-2.267	1.438	-0.147	2.236
	学习共同体	131	0	1	-3.849	0.782	-1.390	4.588
	未来发展机会	131	0	1	-3.568	1.699	-1.191	4.842
学校支持	职业认同	131	0	1	-4.820	1.780	-0.895	6.978
	倦怠感	131	0	1	-3.071	1.887	0.279	3.806

附录F 教师行为和学校支持相关分析结果

表F1 教师行为和学校支持的相关性分析(语文教师样本)

	1	2	3	4	5	6	7	8	9	10	11	12	13	14	15
1. 内容知识	1														
2. 教学知识	0.68*	1													
3. 课堂组织	0.19*	0.28*	1												
4. 认知激活	-0.01	0.17*	0.37*	1											
5. 学生参与	0.13	0.25*	0.52*	0.61*	1										
6. 课堂管理	0.15*	0.19*	0.41*	0.37*	0.59*	1									
7. 多元教学策略	0.12	0.22*	0.55*	0.56*	0.63*	0.48*	1								
8. 聚焦课程内容	0.05	0.03	0.19*	0.07	0.15*	0.14*	0.17*	1							
9. 融入主动学习	0.16*	0.17*	0.26*	0.29*	0.32*	0.21*	0.24*	0.55*	1						
10. 使用有效的示范及模范	0.13	0.15*	0.22*	0.28*	0.28*	0.18*	0.23*	0.64*	0.78*	1					
11. 专家指导和支持	0.1	0.08	0.19*	0.11	0.19*	0.22*	0.18*	0.83*	0.71*	0.70*	1				
12. 学习共同体	0.15*	0.07	0.27*	0.18*	0.29*	0.21*	0.31*	0.23*	0.25*	0.19*	0.21*	1			
13. 未来发展机会	0.08	0.12	0.16*	0.15*	0.25*	0.1	0.20*	0.03	0.12	0.07	0.02	0.17*	1		
14. 职业认同	0.11	0.19*	0.20*	0.13	0.29*	0.08	0.16*	0.03	0.07	0.11	-0.01	0.20*	0.62*	1	
15. 倦怠感	0.07	0.16*	0.19*	0.13	0.32*	0.25*	0.22*	-0.02	-0.01	-0.01	-0.05	0.12	0.42*	0.67*	1

注: *代表5%显著性水平上显著。

表 F2　教师行为和学校支持的相关性分析（数学教师样本）

	1	2	3	4	5	6	7	8	9	10	11	12	13	14	15
1. 内容知识	1														
2. 教学知识	0.67*	1													
3. 课堂组织	0.25*	0.23*	1												
4. 认知激活	0.22*	0.31*	0.34*	1											
5. 学生参与	0.29*	0.33*	0.51*	0.44*	1										
6. 课堂管理	0.13	0.12	0.39*	0.09	0.48*	1									
7. 多元教学策略	0.26*	0.35*	0.35*	0.39*	0.54*	0.41*	1								
8. 聚焦课程内容	0.02	0.02	0.31*	0.29*	0.20*	0.22*	0.21*	1							
9. 融入主动学习	0.11	0.14*	0.33*	0.31*	0.24*	0.22*	0.28*	0.63*	1						
10. 使用有效的示范及模范	0.09	0.09	0.36*	0.27*	0.19*	0.23*	0.24*	0.70*	0.74*	1					
11. 专家指导和支持	0.05	0.07	0.34*	0.30*	0.20*	0.22*	0.24*	0.79*	0.77*	0.76*	1				
12. 学习共同体	0.14*	0.06	0.51*	0.1	0.39*	0.35*	0.29*	0.23*	0.23*	0.30*	0.23*	1			
13. 未来发展机会	0.19*	0.20*	0.14*	0.20*	0.14*	0.11	0.12	0.15*	0.12	0.12	0.20*	0.19*	1		
14. 职业认同	0.14	0.20*	0.23*	0.11	0.29*	0.21*	0.26*	0.19*	0.17*	0.14*	0.20*	0.19*	0.56*	1	
15. 倦怠感	0.12	0.17*	0.33*	0.16*	0.38*	0.28*	0.31*	0.11	0.16*	0.11	0.16*	0.24*	0.30*	0.60*	1

注：*代表 5%显著性水平上显著。

表 F3　教师行为和学校支持的相关性分析（化学教师样本）

	1	2	3	4	5	6	7	8	9	10	11	12	13	14	15
1. 内容知识	1														
2. 教学知识	0.65*	1													
3. 课堂组织	0.21*	0.08	1												
4. 认知激活	0.15	0.19*	0.23*	1											
5. 学生参与	0.26*	0.25*	0.52*	0.30*	1										
6. 课堂管理	0.17	0.28*	0.50*	0.23*	0.51*	1									
7. 多元教学策略	0.33*	0.46*	0.39*	0.36*	0.49*	0.43*	1								
8. 聚焦课程内容	0.12	0.15	0.29*	0.26*	0.19*	0.26*	0.21*	1							
9. 融入主动学习	0.14	0.23*	0.07	0.26*	0.23*	0.12	0.20*	0.63*	1						
10. 使用有效的示范及模范	0.16	0.20*	0.16	0.15	0.22*	0.20*	0.20*	0.73*	0.74*	1					
11. 专家指导和支持	0.14	0.12	0.21*	0.14	0.21*	0.14	0.14	0.83*	0.73*	0.79*	1				
12. 学习共同体	0.13	0.03	0.39*	0.19*	0.26*	0.18*	0.19*	0.11	0.04	0.08	0.09	1			
13. 未来发展机会	0.32*	0.41*	0.1	0.22*	0.19*	0.1	0.36*	0.20*	0.22*	0.21*	0.17	0.18*	1		
14. 职业认同	0.18	0.25*	0.21*	0.20*	0.35*	0.20*	0.32*	0.11	0.12	0.11	0.07	0.08	0.51*	1	
15. 倦怠感	0.31*	0.37*	0.30*	0.21*	0.54*	0.33*	0.37*	0.18*	0.13	0.09	0.13	0.11	0.35*	0.56*	1

注：*代表5%显著性水平上显著。

参考文献

[1] Barr A, Packard T, Serra D. Participatory accountability and collective action: Experimental evidence from Albania[J]. European Economic Review, 2014, 68: 250-269.

[2] 世界银行. 2018 年世界发展报告：学习 实现教育的愿景[R]. 北京，2018.

[3] Reynolds D, Sammons P, De Fraine B, Van Damme J, Townsend T, Teddlie C, Stringfield S. Educational effectiveness research (EER): A state-of-the-art review[J]. School Effectiveness and School Improvement, 2014, 25(2): 197-230.

[4] 梁文艳, 杜育红. 基于学生学业成绩的教师质量评价——来自中国西部农村小学的证据[J]. 北京大学教育评论, 2011, 9（03）：105-120+191.

[5] 王洁, 张民选. TALIS 教师专业发展评价框架的实践与思考——基于 TALIS2013 上海调查结果分析[J]. 全球教育展望, 2016, 45（06）：86-98.

[6] 张民选. PISA、TALIS 与上海基础教育发展[J]. 外国中小学教育, 2019（04）：1-9.

[7] 陈文娇, 彭湃. 区域教育质量监控下的学校效能评价研究——以武汉市 H 区为例[J]. 教育研究与实验, 2016（06）：40-44.

[8] 边玉芳, 林志红. 增值评价：一种绿色升学率理念下的学校评价模式[J]. 北京师范大学学报：社会科学版, 2007（6）：11-18.

[9] Hanushek E A. Conceptual and empirical issues in the estimation of educational production functions[J]. Journal of human Resources, 1979:

351-388.

[10] Hanushek E A: Educational production functions, Economics of Education: Elsevier, 1987: 33-42.

[11] [美]埃尔查南·科恩，特雷·G·盖斯克 著，范元伟 译. 教育经济学[M]. 上海：格致出版社，2009.

[12] 王顾学，汪栋. 中学教师人力资本水平与学生的学业成绩差异及其异质性影响——基于CEPS追踪数据的HLM分析[J]. 内蒙古师范大学学报（教育科学版），2019，32（10）：70-76.

[13] Murnane R J. The impact of school resources on the learning of inner city children[M], 1975.

[14] Murnane R J, Nelson R R. Production and innovation when techniques are tacit: The case of education[J]. Journal of Economic Behavior & Organization, 1984, 5(3-4): 353-373.

[15] Murnane R J, Phillips B R. What do effective teachers of inner-city children have in common?[J]. Social Science Research, 1981, 10(1): 83-100.

[16] 井维华. 布卢姆掌握学习理论评析[J]. 中国教育学刊，1999（03）：40-42.

[17] 程晋宽. 美国有效学校的理论与实践[J]. 外国教育资料，1994（03）：58-63.

[18] 李家永. 学校风气及其对学生成绩的影响[J]. 外国教育动态，1991（05）：45-48.

[19] Edmonds R. Effective schools for the urban poor[J]. Educational leadership, 1979, 37(1): 15-24.

[20] Mackenzie D E. Research for school improvement: An appraisal of some recent trends[J]. Educational researcher, 1983, 12(4): 5-17.

[21] Purkey S C, Smith M S. Effective schools: A review[J]. The elementary school journal, 1983, 83(4): 427-452.

[22] 蔡永红. 学校效能研究的回顾与反思——从研究方法的角度[J]. 教育研究，2007（02）：61-67.

[23] 任玉丹，边玉芳，韦小满. 教师区分性效能——教师效能评价的新

方向[J]. 教育科学，2018，34（02）：32-38.

[24] Teddlie C: The integration of classroom and school process data in school effectiveness research, Advances in school effectiveness research and practice: Elsevier, 1994: 111-132.

[25] David R, Teddlie C, Reynolds D. The international handbook of school effectiveness research[M]. Psychology Press, 2000.

[26] 边玉芳，孙丽萍. 教师增值性评价的进展及在我国应用的建议[J]. 教师教育研究，2015，27（01）：88-95+112.

[27] Ferguson R F, Danielson C. How framework for teaching and tripod 7Cs evidence distinguish key components of effective teaching[J]. Designing teacher evaluation systems: New guidance from the measures of effective teaching project, 2015: 98-143.

[28] Campbell R, Kyriakides L, Muijs D, Robinson W. Assessing teacher effectiveness: Developing a differentiated model[M]. Psychology Press, 2004.

[29] Bardach L, Klassen R M. Smart teachers, successful students? A systematic review of the literature on teachers' cognitive abilities and teacher effectiveness[J]. Educational Research Review, 2020: 100312.

[30] Wang M C, Walberg H J. Teaching and educational effectiveness: Research synthesis and consensus from the field[J]. Effective teaching: Current research, 1991: 81-104.

[31] Seidel T, Shavelson R J. Teaching effectiveness research in the past decade: The role of theory and research design in disentangling meta-analysis results[J]. Review of educational research, 2007, 77(4): 454-499.

[32] Hanushek E A. Throwing money at schools[J]. Journal of policy analysis and management, 1981, 1(1): 19-41.

[33] Hanushek E A. The economics of schooling: Production and efficiency in public schools[J]. Journal of economic literature, 1986, 24(3): 1141-1177.

[34] Hanushek E A. The impact of differential expenditures on school

performance[J]. Educational researcher, 1989, 18(4): 45-62.

[35] Hanushek E A. When school finance reform may not be good policy[J]. Harvard Journal on Legislation, 1991, 28: 423-456.

[36] Hanushek E A. Assessing the Effects of School Resources on Student Performance: An Update[J]. Educational Evaluation and Policy Analysis, 1997, 19(2): 141-164.

[37] Hanushek E A. Publicly provided education[J]. Handbook of public economics, 2002, 4: 2045-2141.

[38] Hanushek E A. The failure of input-based schooling policies[J]. The economic journal, 2003, 113(485): F64-F98.

[39] Hanushek E A, Kain J F, Rivkin S G. Why public schools lose teachers[J]. Journal of human resources, 2004, 39(2): 326-354.

[40] Hedges L V, Laine R D, Greenwald R. An Exchange: Part I: Does Money Matter? A Meta-Analysis of Studies of the Effects of Differential School Inputs on Student Outcomes[J]. Educational Researcher, 1994, 23(3): 5-14.

[41] Greenwald R, Hedges L V, Laine R D. The Effect of School Resources on Student Achievement[J]. Review of Educational Research, 1996, 66(3): 361-396.

[42] Card D, Krueger A B. Does school quality matter? Returns to education and the characteristics of public schools in the United States[J]. Journal of political Economy, 1992, 100(1): 1-40.

[43] Card D, Krueger A B. School Resources and Student Outcomes: An Overview of the Literature and New Evidence from North and South Carolina[J]. Journal of Economic Perspectives, 1996, 10(4): 31-50.

[44] Hanushek E A, Rivkin S G. Teacher quality[J]. Handbook of the Economics of Education, 2006, 2: 1051-1078.

[45] Hanushek E. Teacher characteristics and gains in student achievement: Estimation using micro data[J]. The American Economic Review, 1971, 61(2): 280-288.

[46] Day C, Stobart G, Sammons P, Kington A, Gu Q, Smees R, Mujtaba T.

Variations in teachers' work, lives and effectiveness[J]. Final report for the VITAE Project, DfES, 2006.

[47] Rockoff J E. The impact of individual teachers on student achievement: Evidence from panel data[J]. American economic review, 2004, 94(2): 247-252.

[48] Nye B, Konstantopoulos S, Hedges L V. How Large Are Teacher Effects?[J]. Educational Evaluation and Policy Analysis, 2004, 26(3): 237-257.

[49] Hanushek E A, Rivkin S G. Generalizations about using value-added measures of teacher quality[J]. American Economic Review, 2010, 100(2): 267-71.

[50] Rivkin S G, Hanushek E A, Kain J F. Teachers, Schools, and Academic Achievement[J]. Econometrica, 2005, 73(2): 417-458.

[51] Clotfelter C T, Ladd H F, Vigdor J L. How and why do teacher credentials matter for student achievement?[R]. National Bureau of Economic Research, 2007.

[52] Goldhaber D, Anthony E. Can teacher quality be effectively assessed? National board certification as a signal of effective teaching[J]. The Review of Economics and Statistics, 2007, 89(1): 134-150.

[53] Rockoff J E, Jacob B A, Kane T J, Staiger D O. Can you recognize an effective teacher when you recruit one?[J]. Education finance and Policy, 2011, 6(1): 43-74.

[54] Krueger A B. Experimental estimates of education production functions[J]. The quarterly journal of economics, 1999, 114(2): 497-532.

[55] Mayeske G W. A study of the achievement of our nation's students[M]. 72. US Government Printing Office, 1973.

[56] Creemers B P, Reezigt G J. School level conditions affecting the effectiveness of instruction[J]. School effectiveness and school Improvement, 1996, 7(3): 197-228.

[57] 杜屏，杨中超. 农村初级中学学校效能的增值性评价——基于我国

西部五省调研数据的实证分析[J]. 北京师范大学学报：社会科学版，2011，6：91-97.

[58] 薛海平，闵维方. 中国西部教育生产函数研究[J]. 教育与经济，2008（02）：18-25.

[59] 萨丽·托马斯，彭文蓉，田慧生，李建忠，任春荣，马晓强. 学校效能增值评量研究[J]. 教育研究，2012，33（07）：29-35.

[60] 萨丽·托马斯，彭文蓉，李建忠. 学校增值表现与教师专业发展关联性探析[J]. 教育研究，2015，36（07）：64-72.

[61] 赵必华. 影响学生学业成绩的家庭与学校因素分析[J]. 教育研究，2013，34（03）：88-97.

[62] 辛涛，姜宇，刘文玲. 中高考数据链接:对学校进行增值性评价——以某市40所高中2132名学生中高考数据的实证分析为例[J]. 中小学管理，2012（06）：4-7.

[63] 范美琴，高柳萍. 基于中考和高考成绩数据的高中学校教育教学效能增值性评价[J]. 中国考试，2019（10）：6-13.

[64] 北京大学中国教育财政科学研究所课题组. 区域教研对学生学业成就影响的实证研究——以北京市海淀区为例（内部报告）[R]. 魏易，北京：北京大学中国教育财政科学研究所，2020.

[65] Darling-Hammond L. Teacher quality and student achievement[J]. Education policy analysis archives, 2000, 8: 1.

[66] 张咏梅，郝懿，李美娟. 教师因素，学生因素对学生学业成绩影响的实证研究——基于大规模测验数据的多层线性模型分析[J]. 教师教育研究，2012（4）：56-62.

[67] 白胜南，韩继伟，李灿辉. 教师变量对学生数学成绩影响的研究[J]. 教师教育研究，2019，31（03）：70-76+85.

[68] Wenglinsky H. The Link Between Teacher Classroom Practices and Student Academic Performance[J]. 2002, 2002, 10.

[69] Den Brok P, Brekelmans M, Wubbels T. Interpersonal teacher behaviour and student outcomes[J]. School effectiveness and school improvement, 2004, 15(3-4): 407-442.

[70] 张文静，辛涛，康春花. 教师变量对小学四年级数学成绩的影响：

一个增值性研究[J]. 教育学报, 2010, 6 (02): 69-76.

[71] 彭湃, 胡咏梅. 学校增值的一致性与稳定性——基于多水平追踪数据的实证研究[J]. 教育研究, 2015, 36 (7): 73-80.

[72] 任春荣, 辛涛. 学校在教育结果公平进程中的作用——基于学校对学生成绩影响的视角[J]. 基础教育, 2011, 8 (02): 30-35.

[73] 李祥云, 魏萍. 学校资源配置对学生成绩的影响机制研究——基于对 JX 县小学问卷调查的实证分析[J]. 教师教育学报, 2014, 1 (05): 63-72.

[74] 任友群, 杨向东, 王美, 赵健, 庞维国, 林立甲. 我国五城市初中生学业成就及其影响因素的研究[J]. 教育研究, 2012, 33 (11): 36-43.

[75] 胡咏梅, 卢珂. 教育资源投入对学生学业成绩的影响力评价——基于西部地区基础教育发展项目的研究[J]. 教育学报, 2010, 6 (06): 67-76.

[76] 胡咏梅, 杜育红. 中国西部农村小学教育生产函数的实证研究[J]. 教育研究, 2009, 30 (07): 58-67.

[77] 闫波, 赵德成, 王璐环. 哪些因素在影响中国学生学习成绩?——基于 PISA2015 中国四省(市)学生数据的多水平分析[J]. 中小学管理, 2017 (10): 9-12.

[78] 侯玉娜, 沈爱祥. 学校资源对上海基础教育质量与公平的影响——基于国际学生评估项目（PISA2009）数据的实证研究[J]. 教育学术月刊, 2014 (09): 38-45.

[79] 冯帅章, 陈媛媛. 学校类型与流动儿童的教育——来自上海的经验证据[J]. 经济学（季刊）, 2012, 11 (04): 1455-1476.

[80] 王骏, 彭顺绪, 原莹. 重点高中、学校投入与学生学业成绩——基于 J 市普通高中的一个经验研究[J]. 世界经济文汇, 2017 (03): 17-45.

[81] 张咏梅, 田一, 李美娟. 学校背景因素和学生个体因素对学业成绩影响的研究——基于大规模测验数据的多层线性模型分析[J]. 教育科学研究, 2012 (04): 41-46.

[82] 李勉, 张平平, 罗良. 教师因素对学生发展的影响: 国际大型教育

质量监测项目的数据结果与启示[J]. 中国考试，2018（09）：54-60.

[83] 薛海平，王蓉. 义务教育教师绩效奖金、教师激励与学生成绩[J]. 教育研究，2016，37（05）：21-33.

[84] Fullan M. Leadership & sustainability: System thinkers in action[M]. Corwin Press, 2005.

[85] 薛海平. 义务教育学校和家庭联合生产机制实证研究[J]. 教育与经济，2013（06）：16-23+29.

[86] Hallinger P. Leadership for learning: lessons from 40 years of empirical research[J]. Journal of Educational Administration, 2011, 49(2): 125-142.

[87] Hallinger P: The Evolution of Instructional Leadership, Assessing Instructional Leadership with the Principal Instructional Management Rating Scale, Cham: Springer International Publishing, 2015: 1-23.

[88] Goddard R, Goddard Y, Kim E S, Miller R. A Theoretical and Empirical Analysis of the Roles of Instructional Leadership, Teacher Collaboration, and Collective Efficacy Beliefs in Support of Student Learning[J]. American Journal of Education, 2015, 121(4): 501-530.

[89] Thapa A, Cohen J, Guffey S, Higgins-D'alessandro A. A review of school climate research[J]. Review of educational research, 2013, 83(3): 357-385.

[90] Battistich V, Solomon D, Watson M, Schaps E. Caring school communities[J]. Educational psychologist, 1997, 32(3): 137-151.

[91] Wang M-T, Degol J L. School Climate: a Review of the Construct, Measurement, and Impact on Student Outcomes[J]. Educational Psychology Review, 2016, 28(2): 315-352.

[92] 武向荣，银艳琳. 基于 TALIS 调查的教师评价及其反馈——以深圳市为例[J]. 教育测量与评价，2019（06）：10-16+64.

[93] 解洪涛，李洁，陈利伟. 参与式治理、社会文化与学校的教育绩效——基于 PISA 数据的东亚国家学校治理差异研究[J]. 清华大学教育研究，2015，36（02）：64-73+105.

[94] Dinham S. A three domain model of teacher and school executive career

satisfaction[J]. Journal of Educational Administration, 1998, 36(4): 362-378.

[95] Caprara G V, Barbaranelli C, Steca P, Malone P S. Teachers' self-efficacy beliefs as determinants of job satisfaction and students' academic achievement: A study at the school level[J]. Journal of school psychology, 2006, 44(6): 473-490.

[96] Jennett H K, Harris S L, Mesibov G B. Commitment to philosophy, teacher efficacy, and burnout among teachers of children with autism[J]. Journal of autism and developmental disorders, 2003, 33(6): 583-593.

[97] Leung D Y, Lee W W. Predicting intention to quit among Chinese teachers: Differential predictability of the components of burnout[J]. Anxiety, stress, and coping, 2006, 19(2): 129-141.

[98] Renzulli L A, Parrott H M, Beattie I R. Racial mismatch and school type: Teacher satisfaction and retention in charter and traditional public schools[J]. Sociology of Education, 2011, 84(1): 23-48.

[99] 黄慧静，辛涛. 教师课堂教学行为对学生学业成绩的影响：一个跨文化研究[J]. 心理发展与教育，2007（04）：57-62.

[100] 王云峰，田一. 小学学生与教师性别对学业成绩的影响——基于大规模学业质量监测的多水平模型[J]. 教师教育研究，2015，27（04）：53-60.

[101] Murnane R J, Phillips B R. Learning by doing, vintage, and selection: Three pieces of the puzzle relating teaching experience and teaching performance[J]. Economics of education review, 1981, 1(4): 453-465.

[102] 孔云. 教师期待与学生学业成绩：基于班级层面的研究[J]. 全球教育展望，2011，40（05）：40-44+81.

[103] Goldhaber D D, Brewer D J. Does teacher certification matter? High school teacher certification status and student achievement[J]. Educational evaluation and policy analysis, 2000, 22(2): 129-145.

[104] Harris D N, Sass T R. The effects of NBPTS-certified teachers on student achievement[J]. Journal of Policy Analysis and Management:

The Journal of the Association for Public Policy Analysis and Management, 2009, 28(1): 55-80.

[105] Ramírez M-J. Understanding the low mathematics achievement of Chilean students: A cross-national analysis using TIMSS data[J]. International Journal of Educational Research, 2006, 45(3): 102-116.

[106] Jacob B A, Lefgren L. Can principals identify effective teachers? Evidence on subjective performance evaluation in education[J]. Journal of labor Economics, 2008, 26(1): 101-136.

[107] Shulman L S. Those who understand: Knowledge growth in teaching[J]. Educational researcher, 1986, 15(2): 4-14.

[108] 于春艳,解书.有效教师及其养成——西方有效教师研究[J].广西师范大学学报(哲学社会科学版),2013,49(06):152-160.

[109] 朱小虎,张民选.教师专业发展的可能路径——基于TALIS 2013上海和芬兰的比较分析[J].中国教育学刊,2017(09):1-8.

[110] 刘晓婷,郭衎,曹一鸣.教师数学教学知识对小学生数学学业成绩的影响[J].教师教育研究,2016,28(04):42-48.

[111] Monk D H. Subject area preparation of secondary mathematics and science teachers and student achievement[J]. Economics of education review, 1994, 13(2): 125-145.

[112] Rowan B, Chiang F-S, Miller R J. Using Research on Employees' Performance to Study the Effects of Teachers on Students' Achievement[J]. Sociology of Education, 1997, 70(4): 256-284.

[113] Hill H C, Rowan B, Ball D L. Effects of teachers' mathematical knowledge for teaching on student achievement[J]. American educational research journal, 2005, 42(2): 371-406.

[114] 李琼,倪玉菁.教师变量对小学生数学学习成绩影响的多水平分析[J].教师教育研究,2006(03):74-80.

[115] Eberts R W, Stone J A. Unions and Public Schools: The Effect of Collective Bargaining on American Education[M]. ERIC, 1984.

[116] Hiebert J, Morris A K, Berk D, Jansen A. Preparing teachers to learn from teaching[J]. Journal of teacher education, 2007, 58(1): 47-61.

[117] Baumert J, Kunter M, Blum W, Brunner M, Voss T, Jordan A, Klusmann U, Krauss S, Neubrand M, Tsai Y-M. Teachers' mathematical knowledge, cognitive activation in the classroom, and student progress[J]. American educational research journal, 2010, 47(1): 133-180.

[118] Kersting N B, Givvin K B, Thompson B J, Santagata R, Stigler J W. Measuring usable knowledge: Teachers' analyses of mathematics classroom videos predict teaching quality and student learning[J]. American Educational Research Journal, 2012, 49(3): 568-589.

[119] 郑太年，王美，林立甲，文剑冰. 我国教师的教学方法及其对学生数学成绩和问题解决能力的影响[J]. 全球教育展望，2013，42（02）：34-44+62.

[120] 贺雯，黎雯君，曹钰舒. 教师教学风格的转变及其与学生学习关系的实验研究[J]. 现代中小学教育，2014，30（02）：65-69.

[121] Seidel T, Rimmele R, Prenzel M. Clarity and coherence of lesson goals as a scaffold for student learning[J]. Learning and Instruction, 2005, 15(6): 539-556.

[122] Holzberger D, Philipp A, Kunter M. How Teachers' Self-Efficacy Is Related to Instructional Quality: A Longitudinal Analysis[J]. Journal of Educational Psychology, 2013, 105(3): 774-786.

[123] Hattie J, Timperley H. The Power of Feedback[J]. Review of Educational Research, 2007, 77(1): 81-112.

[124] Cooper H, Robinson J C, Patall E A. Does Homework Improve Academic Achievement? A Synthesis of Research, 1987–2003[J]. Review of Educational Research, 2006, 76(1): 1-62.

[125] Flunger B, Trautwein U, Nagengast B, Lüdtke O, Niggli A, Schnyder I. The Janus-faced nature of time spent on homework: Using latent profile analyses to predict academic achievement over a school year[J]. Learning and Instruction, 2015, 39: 97-106.

[126] Skaalvik E M, Skaalvik S. Teacher self-efficacy and teacher burnout: A study of relations[J]. Teaching and teacher education, 2010, 26(4):

1059-1069.

[127] Bandura A. Perceived self-efficacy in cognitive development and functioning[J]. Educational psychologist, 1993, 28(2): 117-148.

[128] 许延生. 教学风格与学生学习成绩关联的统计分析[J]. 中国统计, 2018（01）：59-61.

[129] 李维, 白颖颖. 初二学生感知的教师支持如何影响学业成绩?——基于学业自我效能感与学习投入的多重中介效应分析[J]. 教育与经济, 2018（06）：86-92.

[130] Tschannen-Moran M, Hoy A W. Teacher efficacy: Capturing an elusive construct[J]. Teaching and teacher education, 2001, 17(7): 783-805.

[131] Klassen R M, Tze V M, Betts S M, Gordon K A. Teacher efficacy research 1998–2009: Signs of progress or unfulfilled promise?[J]. Educational psychology review, 2011, 23(1): 21-43.

[132] Brouwers A, Tomic W. A longitudinal study of teacher burnout and perceived self-efficacy in classroom management[J]. Teaching and Teacher education, 2000, 16(2): 239-253.

[133] Van Tartwijk J, Hammerness K. The neglected role of classroom management in teacher education[J]. Teaching Education, 2011, 22(2): 109-112.

[134] Onafowora L L. Teacher efficacy issues in the practice of novice teachers[J]. Educational Research Quarterly, 2005, 28(4): 34-43.

[135] Van De Grift W. Quality of teaching in four European countries: A review of the literature and application of an assessment instrument[J]. Educational research, 2007, 49(2): 127-152.

[136] Teddlie C, Creemers B, Kyriakides L, Muijs D, Yu F. The international system for teacher observation and feedback: Evolution of an international study of teacher effectiveness constructs[J]. Educational research and evaluation, 2006, 12(6): 561-582.

[137] 陈纯槿. 国际比较视域下的教师教学效能感——基于 TALIS 调查数据的实证研究[J]. 全球教育展望, 2017, 46（04）：11-22+128.

[138] Kyriakides L, Christoforou C, Charalambous C Y. What matters for

student learning outcomes: A meta-analysis of studies exploring factors of effective teaching[J]. Teaching and Teacher Education, 2013, 36: 143-152.

[139] Yeo L S, Ang R P, Chong W H, Huan V S, Quek C L. Teacher efficacy in the context of teaching low achieving students[J]. Current Psychology, 2008, 27(3): 192.

[140] Guskey T R. Teacher efficacy, self-concept, and attitudes toward the implementation of instructional innovation[J]. Teaching and teacher education, 1988, 4(1): 63-69.

[141] Desimone L M. Improving impact studies of teachers' professional development: Toward better conceptualizations and measures[J]. Educational researcher, 2009, 38(3): 181-199.

[142] 李亚培, 于海波. 国际科学教师探究教学研究脉络梳理与趋势展望——基于 HistCite 的图谱量化分析[J]. 外国中小学教育, 2019（12）：11-22.

[143] 王双龙. 教师自我意识与学校支持氛围对教师专业发展的影响研究[J]. 教育科学研究, 2017（11）：74-78.

[144] 李琼, 张倩, 樊世奇. 国际视野中的我国乡村教师专业发展：与 PISA 高绩效东亚四国 TALIS 数据的比较[J]. 外国中小学教育, 2018（11）：53-61.

[145] Darling-Hammond L, Hyler M E, Gardner M. Effective Teacher Professional Development. Palo Alto, CA: Learning Policy Institute, 2017.

[146] Garet M S, Porter A C, Desimone L, Birman B F, Yoon K S. What makes professional development effective? Results from a national sample of teachers[J]. American educational research journal, 2001, 38(4): 915-945.

[147] 叶颖, 徐瑾劼. 营造良好学习环境，引导教师专业发展——基于国际教师教学调查（TALIS）调查结果[J]. 外国中小学教育, 2015（01）：40-44+39.

[148] 陈纯槿. 国际视域下的教师专业发展及其影响因素——基于

TALIS 数据的实证研究[J]. 比较教育研究, 2017, 39 (06): 84-92.

[149] 朱小虎, 张民选. 教师作为终身学习的专业——上海教师教学国际调查 (TALIS) 结果及启示[J]. 教育研究, 2019, 40 (07): 138-149.

[150] 周坤亮. 何为有效的教师专业发展——基于十四份"有效的教师专业发展的特征列表"的分析[J]. 教师教育研究, 2014, 26 (01): 39-46.

[151] 周颖, 杨天池. 教育精准扶贫视角下的农村教师培训与学生成绩[J]. 教育研究与实验, 2019 (02): 53-58+76.

[152] 谢敏, 辛涛, 李大伟. 教师资格和职业发展因素对学生数学成绩的影响: 一个跨文化比较[J]. 心理与行为研究, 2008 (02): 124-129.

[153] Tse H: Professional Development through Transformation: Linking Two Assessment Models of Teachers' Reflective Thinking and Practice, Townsend T, Bates R, editor, Handbook of Teacher Education, Dordrecht: Springer Netherlands, 2007: 495-506.

[154] 单志艳. 走向中国特色教师专业学习共同体的教研组变革[J]. 教育研究, 2014, 35 (10): 86-90.

[155] 陈纯槿. 中学教师工作满意度影响因素的实证研究——基于 PISA2015 教师调查数据的分析[J]. 教师教育研究, 2017, 29 (02): 84-91+41.

[156] Erickson G, Minnes Brandes G, Mitchell I, Mitchell J. Collaborative teacher learning: Findings from two professional development projects[J]. Teaching and Teacher Education, 2005, 21(7): 787-798.

[157] 赵健, 裴新宁, 冯锐, 程佳铭, 金莺莲. 我国教师的专业发展实践及其对学生成绩的影响: 基于五城市调研的分析[J]. 全球教育展望, 2013, 4: (02): 22-33+53.

[158] Yoon K S, Duncan T, Lee S W-Y, Scarloss B, Shapley K L. Reviewing the Evidence on How Teacher Professional Development Affects Student Achievement. Issues & Answers. REL 2007-No. 033[J]. Regional Educational Laboratory Southwest (NJ1), 2007.

[159] 王兄. 教师专业发展及其有效性评价: 走向概念性框架的思考[J]. 教师教育研究, 2011, 23 (04): 7-10.

[160] 马晓强, 彭文蓉, 萨丽, 托马斯. 学校效能的增值评价——对河北省保定市普通高中学校的实证研究[J]. 教育研究, 2006（10）: 77-84.

[161] Little J W. Locating learning in teachers' communities of practice: Opening up problems of analysis in records of everyday work[J]. Teaching and teacher education, 2002, 18(8): 917-946.

[162] Ball D L, Cohen D K: Developing practice, developing practitioners: Toward a practice-based theory of professional education, Darling-Hammond I L, Sykes G, editor, Teaching as the learning profession: Handbook of policy and practice, San Francisco: Jossey-Bass., 1999: 3-22.

[163] Ainley J, Carstens R. Teaching and learning international survey (TALIS) 2018 conceptual framework[J], 2018.

[164] 张文彤, 董伟. SPSS 统计分析高级教程[M]. 高等教育出版社, 2013.

[165] Sanders W L, Horn S P. Research findings from the Tennessee Value-Added Assessment System (TVAAS) database: Implications for educational evaluation and research[J]. Journal of Personnel Evaluation in Education, 1998, 12(3): 247-256.

[166] 辛涛, 张文静, 李雪燕. 增值性评价的回顾与前瞻[J]. 中国教育学刊, 2009（4）: 40-43.

[167] Thomas S, Peng W J, Gray J. Modelling patterns of improvement over time: value added trends in English secondary school performance across ten cohorts[J]. Oxford Review of Education, 2007, 33(3): 261-295.

[168] 田志磊, 李芳, 袁连生. 寻找大学好老师——基于准实验的教育增值评估研究[J]. 统计研究, 2014, 31（11）: 80-89.

[169] Chetty R, Friedman J N, Rockoff J E. Measuring the impacts of teachers I: Evaluating bias in teacher value-added estimates[J]. American Economic Review, 2014, 104(9): 2593-2632.

[170] Chetty R, Friedman J N, Rockoff J E. Measuring the impacts of teachers II: Teacher value-added and student outcomes in adulthood[J]. American economic r7eview, 2014, 104(9): 2633-2679.

[171] Hanushek E A, Raymond M E. Does school accountability lead to improved student performance?[J]. Journal of Policy Analysis and Management: The Journal of the Association for Public Policy Analysis and Management, 2005, 24(2): 297-327.

[172] Gorard S. Value-added is of little value[J]. Journal of Education Policy, 2006, 21(2): 235-243.

[173] Rothstein J. Teacher quality in educational production: Tracking, decay, and student achievement[J]. The Quarterly Journal of Economics, 2010, 125(1): 175-214.

[174] 丁延庆，薛海平. 高中教育的一个生产函数研究[J]. 华中师范大学学报（人文社会科学版），2009，48（02）：122-128.

[175] 穆洪华. 教师专业发展研究的现状及趋势[J]. 北京教育学院学报，2016，30（06）：17-24.

[176] Hill H C, Ball D L, Schilling S G. Unpacking Pedagogical Content Knowledge: Conceptualizing and Measuring Teachers' Topic-Specific Knowledge of Students[J]. Journal for Research in Mathematics Education, 2008, 39(4): 372-400.

[177] Hill H C, Schilling S G, Ball D L. Developing measures of teachers' mathematics knowledge for teaching[J]. The elementary school journal, 2004, 105(1): 11-30.

[178] Phelps G, Schilling S. Developing measures of content knowledge for teaching reading[J]. The Elementary School Journal, 2004, 105(1): 31-48.

[179] Hamilton L S, Mccaffrey D F, Stecher B M, Klein S P, Robyn A, Bugliari D. Studying large-scale reforms of instructional practice: An example from mathematics and science[J]. Educational evaluation and policy analysis, 2003, 25(1): 1-29.

[180] Wenglinsky H. The link between teacher classroom practices and student academic performance[J]. Education policy analysis archives, 2002, 10: 12.

[181] Fishman B J, Marx R W, Best S, Tal R T. Linking teacher and student learning to improve professional development in systemic reform[J]. Teaching and teacher education, 2003, 19(6): 643-658.

[182] Heck D J, Banilower E R, Weiss I R, Rosenberg S L. Studying the Effects of Professional Development: The Case of the NSF's Local Systemic Change through Teacher Enhancement Initiative[J]. Journal for Research in Mathematics Education, 2008, 39(2): 113-152.

[183] Jacob B A, Lefgren L. The impact of teacher training on student achievement quasi-experimental evidence from school reform efforts in Chicago[J]. Journal of Human Resources, 2004, 39(1): 50-79.

[184] Lee O, Deaktor R, Enders C, Lambert J. Impact of a multiyear professional development intervention on science achievement of culturally and linguistically diverse elementary students[J]. Journal of Research in Science Teaching: The Official Journal of the National Association for Research in Science Teaching, 2008, 45(6): 726-747.

[185] Franke M L, Carpenter T P, Levi L, Fennema E. Capturing teachers' generative change: A follow-up study of professional development in mathematics[J]. American educational research journal, 2001, 38(3): 653-689.

[186] Saxe G B, Gearhart M. Enhancing students' understanding of mathematics: A study of three contrasting approaches to professional support[J]. Journal of Mathematics Teacher Education, 2001, 4(1): 55-79.

[187] 张民选，夏惠贤，孔令帅. 让教师成为教育知识的发现者和建构者——来自上海的经验[J]. 全球教育展望，2015，44（07）：77-88.

[188] 穆洪华，胡咏梅，刘红云，刘坚. 教师专业发展对其课堂教学策略有影响吗?——来自中国基础教育质量监测的证据[J]. 教师教育

研究, 2017, 29 (06): 66-72.

[189] Roth K J, Garnier H E, Chen C, Lemmens M, Schwille K, Wickler N I. Videobased lesson analysis: Effective science PD for teacher and student learning[J]. Journal of Research in Science Teaching, 2011, 48(2): 117-148.